René Prümmel

Holunder

Wohlschmeckende Vitamine pur –
in Wurzeln, Blättern und Blüten

Südwest

Inhalt

*Die tiefschwarzen
Beeren des Ho-
lunders lassen sich
von August bis
Oktober ernten.*

Holunder und seine Geschichte(n)   5

Holunder in vorchristlicher Zeit   5
Von heilkundigen Frauen und Ärzten   11

Holunder in Natur und Garten   15

Die Holunderernte   15
Holunder im Handel   23
Holunder im Garten   25

Wirkstoffe des Holunders   29

Vitamine   29
Mineralstoffe   34
Weitere Inhaltsstoffe   37

Mit Holunder heilen   41

Selbstmedikation   41
Erkältungskrankheiten   44
Fieber   48

Halsschmerzen und Husten 50
Hämorrhoidalleiden 54
Ischiasbeschwerden 56
Müdigkeit und Erschöpfung 58
Nebenhöhlenentzündung 61
Nervosität 63
Ohrenschmerzen 65
Rheumatische Beschwerden 67
Unreine Haut/Akne 72
Verstopfung 74
Schnelle Hilfe mit Holunder 78
Special Homöopathie und Holunder 81

Entschlacken und abnehmen 85

Entschlacken mit Holunder 85
Holunder – ein sanftes Schlankheitsmittel 88
Weg mit den Pfunden 90
Special Tieren mit Holunder helfen 92

Die besten Holunderrezepte 95

Die Grundrezepte 95
Holunder und andere Gesundmacher 101
Starkes Gespann – Hafer und Holunder 102
Holunder und Apfel 104
Holunder in Kombination mit Orange 110
Holunder und Kürbis 116
Holunder in der Likörherstellung 120
Färben mit Holunder 124

Über dieses Buch 126
Register 127

Die Vitamin–C-Schub gegen die Erkältung: heißer Holundersaft.

Tab. 17.

SAMBUCUS. Off.
Sambucus nigra *Botan.*
Holder Hollunder.

Holunder und seine Geschichte(n)

Als Heilpflanze war der Holunder vermutlich schon bei den Steinzeitmenschen bekannt, denn bei Ausgrabungen wurden Holundersamen und -zweige gefunden. Die alten Germanen verehrten den Holunder als heiligen Baum. Daraus lässt sich schließen, dass sie seine Heilkräfte kannten. Auch in der Antike wurde der Holunder zu Heilzwecken verwendet, etwa von den berühmten Ärzten Hippokrates (etwa 460–370 v. Chr.) und Galen (130–201 n. Chr.). Lange Zeit war der Holunder aber nicht nur ein Baum, dessen Blüten, Früchte und Wurzeln zur Heilung von Krankheiten genutzt wurden. Er war zugleich Mittelpunkt von Kulten und umwoben von Mythen, Sagen und Märchen.

Holunder in vorchristlicher Zeit

Zu allen Zeiten und in fast allen prähistorischen Kulturen waren Bäume und Sträucher wie der Holunder zwischen dem Diesseits und der Welt im Jenseits angesiedelt. Dies trifft auch auf die alten Germanen zu, bei denen der Holunder eine wichtige Rolle spielte. Sie waren davon überzeugt, dass unter den Wurzeln des Holunderstrauchs die Seelen der Verstorbenen lebten, über die die Göttin Holle wachte. Sie brachten deshalb der Frau Holle unter dem Holunderbaum, der ihr geweiht war, Opfer dar. Das Holz des Holunders und seine Früchte wurden von den Germanen als heilig angesehen. Für die Germanen und ihre Helden war es eine Ehre, in Holles unterirdisches Reich einzuziehen.

Der römische Historiker Plinius d. Ä. (23–79 n. Chr.) schrieb in seinem 37-bändigen Werk Naturalis historia: »Beeren, Blätter und Wurzeln des Holunders, in altem Wein gekocht, schaden zwar dem Magen, aber sie wirken entwässernd.«

Im Volksmund hat der Holunder viele Namen: Elderbaum, Holler, Keilken oder auch Kisseke.

Frau Holle – Herrin der Toten

In den Mythen, die es über die germanische Mutter- und Baumgöttin Holle gibt, begegnet sie uns vor allem im Wald oder in der Nähe des Holunderbaums. Wie sehr Frau Holle und ihr Baum in der Vorstellung unserer Ahnen mit dem Totenreich verbunden waren, kann man an alten Bräuchen und Gepflogenheiten erkennen, die zum Teil noch bis in unsere Zeit hinein ihre Gültigkeit haben. So wurde nicht nur Christus angeblich an ein Kreuz aus Holunderholz genagelt, sondern man nahm das Maß zu einem Sarg immer mit einem Holunderstab. Im alten Rom wurden Särge nur aus Holunderholz gefertigt. Dagegen war es verboten, eine Wiege aus dem Holz des Holunderbaums herzustellen.

Im Folgenden ist, wenn nicht ausdrücklich anders angegeben, vom heilkräftigen Schwarzen Holunder (Sambucus nigra) die Rede.

Glaube wird zu Aberglaube

Im Zuge der Christianisierung wurde den Menschen verboten, ihre alten Götter weiter zu verehren oder an Bäumen und Quellen zu opfern. Wie hartnäckig die Menschen aber trotz dieses Verbots am Hollekult festgehalten haben müssen, wird deutlich, wenn man den Beichtspiegel des Burchard von Worms aus dem 11. Jahrhundert liest: »Hast du geglaubt, dass einige Gewitter erregen oder Menschensinn umändern können?«, wurden Beichtende gefragt. »Hast du geglaubet, dass es Weiber gibt, die durch Zauberei beschädigen und sich aneignen können?« Auch Luther erwähnt im Jahr 1522 in seiner Auslegung der Episteln eine »Fraw Hulde«.

Wie Frau Holle zur bösen Hexe wurde

In den Akten der Hexenprozesse erscheint der Namen der Göttin Holle noch im 17. Jahrhundert. Trotzdem konnte es nicht ausbleiben, dass die gute Göttin Holle über die Jahrhunderte hinweg in Vergessenheit geriet. Dagegen wurde sie im Lauf der Zeit mit dem Bild einer bösen Hexe identifiziert, die auf einem Besen aus Holunderholz durch die Lüfte ritt und nur noch Unheil über die Menschen brachte.

Erst im späten Mittelalter, als aus der vorher positiv besetzten Göttin Holle und ihren Priesterinnen, den so genannten Holden, wilde Hexen wurden, stellte man sich unter ihrem Reich (der Hölle) jenes mittelalterliche Schreckensszenario vor, bei dem wir noch heute erschaudern.

Wurde ein Holunder gefällt, musste dem Ausgraben des Baums ein Dankesritual vorausgehen oder nachfolgen.

Heute hat Frau Holle nur noch als Märchenfigur überlebt: Wenn sie ihre Betten schüttelt, schneit es bei uns.

Macht über das Wetter

Frau Holle hatte nicht nur Macht über Tod und Wiedergeburt, sondern war auch Herrin über das Wetter. Sie konnte gute Ernten und damit Wohlstand zu den Menschen bringen. Man denke nur an das Märchen der Goldmarie, die erst durch einen Brunnen ins Innere der Erde fällt, also ins Reich der Frau Holle. Dort landet sie zunächst auf einer grünen, blumenbewachsenen Wiese (Frühjahr), kommt dann zu einem Backofen, in dem das Brot fertig ist (Sommer), erntet einen Apfelbaum (Herbst) und schüttelt zum Schluss die Betten der Frau Holle aus, damit es auf der Erde schneit (Winter). Nachdem sie alles zur Zufriedenheit erledigt hat, wird sie schließlich mit Wohlstand belohnt.

Den so genannten Hexen wurde u. a. vorgeworfen, den Bauern die Ernte zu verderben, kleine Kinder zu rauben oder sie mit ihren langen, eisernen Zähnen das Fürchten zu lehren.

Frau Holle als Schutzgöttin

Aber auch Haus, Hof, Mensch und Vieh beschützte die Göttin gegen Feuer, Hexen und andere dunkle Mächte. Wem sie hold war, der hatte ein gutes Schicksal. Deshalb pflanzte man den Hollerbusch, in dem Frau Holle dem Volksglauben nach wohnte, in den Garten oder an die Scheune. Ihre Wohnstatt zu dicht am Haus zu pflanzen, galt allerdings als Vermessenheit, die vielleicht bestraft werden würde. Vor allem im Elsass, in Bayern, Schwaben und der Schweiz sieht man noch heute an beinahe jedem alten Gehöft einen Holunderbaum stehen. Verdörrt so ein Haus- oder Lebensbaum oder blüht er im Herbst ein zweites Mal, soll dies einen Todesfall im Haus ankündigen. Im Harz glaubte man, dass Frau Holle Sonntagskindern, die zwischen elf und zwölf Uhr geboren wurden, eine ganz besondere Eigenschaft verlieh. Sie sollen sonntags um diese Uhrzeit in einer blühenden Hollerstaude Geister erkennen können.

Fruchtbarkeitsrituale

Auch als Fruchtbarkeitssymbol wurde der Holunder angesehen. In einem alten Spruch aus dem Thüringer Wald heißt es:»Blüht auf Johannis der Holler, wird die Liebe noch toller!« Außerdem war es unter jungen Männern üblich, einem Mädchen, das man heiraten wollte, einen Holunderzweig aufs Fensterbrett zu legen. Bis weit ins 20. Jahrhundert hinein wurde der Holunder mit der Liebe zwischen Frau und Mann in Verbindung gebracht.

Hätten Sie's gewusst?

Nicht nur die Suche nach Ostereiern, die Walpurgisnacht oder der Christzopf sind Relikte des germanischen Hollekults, sondern auch der Knecht Ruprecht. Zusammen mit Frau Holle zog er durchs Land, um brave Kinder zu belohnen. Seine schwarze Gestalt verweist auf die fruchtbare Erde, aus der er und seine Herrin kommen. Die Rute in seiner Hand war ursprünglich ein Holunderzweig und wurde keineswegs zum Schlagen verwendet, sondern galt als ein Symbol für Fruchtbarkeit. Im Lauf des Mittelalters wurde dieser alte vorchristliche Kult vom Christentum übernommen. An die Stelle der Göttin Holle wurde dabei der heilige Nikolaus gesetzt.

Im vorchristlichen Naturglauben galten Leben und Tod als eine Einheit, die unzertrennlich war. So wurde der Holunder gleichzeitig als Lebensbaum und als Fruchtbarkeitssymbol angesehen.

Der Holunder und die Kelten

Bäume galten bei den Kelten wie auch bei den Germanen als heilig. Sie symbolisierten den Grundgedanken der keltischen Religion, nämlich die Endlichkeit des Todes. Daraus resultierte die Unendlichkeit des Lebens, denn im Winter war ein Laubbaum zwar tot, aber im Frühjahr erwachte er wieder zu neuem Leben. Jeder keltische Stamm verfügte über einen heiligen Baum.

Religiöse Zeremonien

Im druidischen Baumkalender der Kelten hat der Holunder seinen festen Platz. Er ist der 13. und letzte Baum im Jahreszyklus, weshalb er auch Tod und Wiedergeburt symbolisiert.

Ein heiliger Baum verband die Mitglieder des Stamms mit der göttlichen Ordnung, weshalb unter ihm zeremonielle Handlungen stattfanden, wie z. B. das Einsetzen eines neuen Königs oder bestimmte Opferrituale. Dieser Lebensbaum war Zeichen einer höheren Ordnung, die Schutz und Zusammenhalt versprach, außerdem wurde er als Behausung der ihm entsprechenden göttlichen Kräfte gesehen. Ein Angriff auf solch einen Baum beraubte den Stamm seines Halts.

Heilige Bäume in Gruppen (Haine oder kleine Wälder) waren bei den Kelten oft Kultstätten, die der Verehrung der Götter dienten. Zu diesen heiligen Bäumen zählte neben Esche, Eiche, Apfel, Birke, Buche, Eberesche, Eibe, Hasel, Schlehe, Stechpalme und Ulme auch der Holunder. Außerdem war er für die Kelten der 13. und letzte Jahresbaum, der das Jahr abschloss und für Tod und Wiedergeburt stand.

Die Blütezeit von Holunder liegt zwischen Mai und Juni – wenn sich der Frühling in unseren Breiten durchsetzt.

Von heilkundigen Frauen und Ärzten

In vorchristlicher Zeit und bis weit ins Mittelalter hinein war das Heilen weitgehend eine Angelegenheit von Frauen. Sie kannten die Wirkung der Kräuter, und sie wussten sie richtig einzusetzen. Ihr fundiertes Wissen wurde von Frau zu Frau über Generationen hinweg weitergegeben. Sie konnten deshalb aus einem jahrhundertealten Erfahrungsschatz schöpfen.

Im finsteren Mittelalter

Im Mittelalter wurde jedoch den weisen Frauen und Hebammen unter Androhung von schlimmsten Qualen und Tod das Heilen verboten. Es galt damals als gotteslästerlich, wenn eine Frau zu ändern versuchte, was angeblich aufgrund von Gottes Willen geschah. Gleichzeitig kam der Berufsstand des Arztes auf, der an der Universität zu Padua in ganzen zwei Wochen erlernt werden konnte. Er beinhaltete damals nicht viel mehr als das Schröpfen. Auf diese Weise verlor sich das alte Wissen der Frauen immer mehr. Der nachfolgende Ärztestand musste deshalb im Lauf der Jahrhunderte das, was die heilkundigen Frauen immer schon wussten, wieder ganz neu erforschen.

Die naturheilkundlichen Schriften der Hildegard von Bingen gelten als eine der bedeutendsten Quellen des medizinischen Wissens im frühen Mittelalter.

Was Hildegard vom Holunder hielt

Vieles von dem, was diese heilkundigen Frauen wussten, hat die Äbtissin Hildegard von Bingen (1098–1179) niedergeschrieben und systematisiert. In Anbetracht dessen, dass der Holunder wegen seiner vielseitigen Heilwirkung auch im Mittelalter sehr beliebt war, ist es erstaunlich, dass er bei Hildegard von Bingen kaum Beachtung fand. Sie vertrat sogar die Meinung, dass er zur Anwendung beim Menschen »wenig tauge«.

Die großen Ärzte

»Guten Morgen, Herr Flieder, ich bring dir mein Fieber…«, so lautet die erste Zeile eines alten Spruchs, der sich auf den Holunder bezieht. Als besonders heilkräftig galten übrigens Holunderblätter mit doppelter Blattspitze. Man nannte sie im Volksmund Hollermandl.

Thomas von Aquin, Hieronymus Bock, Leonard Fuchs und Paracelsus betrachteten den Holunder mit weit gnädigeren Augen. Auch der bekannte Wasserdoktor Sebastian Kneipp (1821–1897) berichtet ausführlich über den heilkräftigen Strauch. Er schreibt:»Die Holunderbeere wurde als Blutreinigungsmittel von den Alten hoch geschätzt. Meine selige Mutter hat alle Jahre 14 Tage bis drei Wochen lang eine solche Holunderkur vorgenommen. Dieses war der Hauptgrund, weshalb unsere Altvordern mindestens ein paar Holunderbäume vors Haus pflanzten. Wie die hohen Herrschaften heute in die teure Traubenkur wandern, oft nach fernen Ländern, so gingen unsere Eltern und Großeltern in die Kur zum Holunderbaum, der sie in nächster Nähe so billig und oft viel besser bediente.«

Holunder – die Hausapotheke der Bauern

Der Holunder galt als lebendige Hausapotheke der Bauern und der armen Leute, die sich oftmals das teure Obst nicht leisten konnten. Der Holunder wuchs überall und war reich an Vitaminen und Mineralstoffen. Außerdem verfügte er, was jeder wusste, über vielerlei Heilkräfte. Er half den Menschen, gesund zu bleiben und es wieder zu werden (heute würde man sagen: Er kräftigt und stärkt das menschliche Immunsystem).

Der Holunder galt als wirkungsvolles Blutreinigungsmittel, konnte zur Schmerzbekämpfung und zur Darmregulierung verwendet werden. Außerdem stabilisierte er die Herztätigkeit. Auch als Gurgelwasser bei Mandel- und Rachenentzündungen wurde er gerne eingesetzt – doch am bekanntesten war er wohl als Hausmittel bei Fieber und Erkältungskrankheiten.

Vielseitg verarbeitet

Blüten, Beeren, Blätter, Wurzeln und Rinde finden in der Haus- und Stallapotheke Verwendung, Blüten und Beeren zum Kochen, Blätter und Wurzeln als Färbemittel für Haare, Wolle und sonstige Naturfasern. Schnitzer stellten aus dem stark gemaserten Wurzelholz Schachfiguren, Pfeifenköpfe oder Kämme her.

Vor dem Holunder muss man den Hut ziehen, mahnte einst der Volksmund. Heutzutage hört man diesen Spruch manchmal noch in ländlichen Gebieten. Auch in vielen Märchen, Sagen und alten Kinderreimen begegnen uns der Holunder und Frau Holle immer wieder.

Die vielen Namen des Holunders

• Im Volksmund wird der Holunderstrauch auch Holder Holler, Schwarzholder, Alhorn, Achenstuden, Ellhorn, Elderbaum, Kelke oder Keilkebeerenbaum, Kisse oder Kisseke, Pisseke, Stinkbaum oder althochdeutsch Holuntar (was übersetzt Baum der Holle bedeutet) genannt. Dass der Holunder immer wieder als Flier oder Flieder bezeichnet wird, ist jedoch falsch, denn diese beiden Sträucher bzw. Bäume sind keineswegs miteinander verwandt und besitzen auch ganz verschiedene Eigenschaften.

• Für seine Beeren oder Blüten lassen sich noch mehr wohlklingende Namen finden: Holderknopf, Achenstudenblüten, Ellhornblüten oder Backholderblüten, Betscheletee, Hulertrauben, Helderblüten, Kelkenblüten, Marterblumen, Reckholderblüten, Schiwicken, Sureau, Schotschenblüten, Schwarzholderblumen, Zwebstblüten, Zickenblüten oder Zibkenblüten.

• Bei den Zwergen (in den Märchen) heißt der Holunder Frau Ellhorns Baum. Sie sitzen oft unter ihm und genießen seinen angenehmen Duft. Menschen, so heißt es jedoch, sollten sich nicht zu lange unter einem blühenden Holunderstrauch aufhalten, weil sie dort leicht das Bewusstsein verlieren können.

Holunder in Natur und Garten

Wenn man im Juni oder Juli, in der Blütezeit des Holunders, wandern oder spazieren geht, dann sieht man ihn plötzlich überall. Erst jetzt fällt einem auf, wie breit er sich in der Natur gemacht hat. Holunder wächst gerne an schattigen Stellen und gedeiht so auch an Plätzen, die andere Sträucher und Bäume nicht besonders lieben. Man sieht ihn deshalb am Wegrand und entlang von Straßen, in Gärten, im Wald, an Häusern und frei stehenden Scheunen. Sogar auf Schutthalden wächst der Holunder noch, denn er ist äußerst genügsam.

Die Holunderernte

Wer Holunder ernten und für sich anwenden will, muss keine großen Anstrengungen unternehmen, um ihn irgendwo in der Natur zu finden. Von der Ernte eines Holunders, der auf Schutthalden oder an stark befahrenen Straßen wächst, ist allerdings abzuraten. Holunder ist nämlich ein guter Giftverwerter und als solcher höchst anpassungs- und widerstandsfähig. Dies ist ein Grund dafür, weshalb er bei Landschaftsgärtnern sehr beliebt ist und oft in Problemzonen angepflanzt wird – beispielsweise entlang von stark befahrenen Straßen und Autobahnen. Das bedeutet aber auch, dass er viele Schwermetalle und andere Gifte aufnimmt, die dann nach dem Verzehr im Körper landen. Obstallergien sind inzwischen zwar weit verbreitet, jedoch sind allergische Reaktionen auf Holunder selbst äußerst selten: Meist reagiert der Körper allergisch auf die Giftrückstände.

Oft sind es gar nicht die Früchte oder Beeren selbst, die eine Allergie auslösen, sondern Rückstände von chemischen Pflanzenschutz- oder Düngemitteln.

Die Beeren haben im vollreifen Zustand eine schwarzviolette bis tiefschwarze Farbe.

Der ideale Standort

Um einen wilden Holunder zu ernten, sollte man sich eher ins Dickicht der Wälder begeben oder ihn an Wiesen- und Waldwegen suchen. An diesen Orten ist der Holunder weniger mit Schadstoffen belastet. Falls ein Garten zur Verfügung steht, der nicht gerade an einer stark befahrenen Straße liegt, ist es am besten, selbst einige Holundersträucher anzupflanzen.

Nur am Baum duften Holunderblüten gut

Am Baum verbreiten Holunderblüten einen angenehm süßen Duft. Sind die Blüten aber einmal abgeerntet und beginnen zu welken, ist ihr Geruch eher abstoßend. Die Holunderblüten sollten deshalb möglichst nicht in den Wohnräumen getrocknet werden. Geschmacklich nähern sich Holunderblüten dem Muskatelleraroma an. Dies machten sich findige Winzer zunutze: Sie verwendeten das Holunderaroma dazu, um qualitativ minderwertige Weine aufzubessern.

Die Strategie der Beeren

Die Pflanzen haben eine besondere Art der Überlebensstrategie im Lauf der Evolution entwickelt. Der Löwenzahn beispielsweise lässt seine Samen vom Wind weitertragen. Korn fällt einfach ab, weil es jedes Jahr an der gleichen Stelle neu keimt und wächst. Bäume und Sträucher aber mussten sich etwas anderes einfallen lassen, weil sie fest verwurzelt sind und teilweise mehrere hundert Jahre am selben Platz stehen. Also haben sie ihre Samen in nährstoffreiches Fruchtfleisch eingehüllt, damit sie von Vögeln und anderen Tieren gefressen und an anderer Stelle wieder ausgeschieden werden, wo sie dann keimen und wurzeln können.

Der Holunder galt in früheren Zeiten als Schatzbaum. Wenn jemand einen Schatz vergrub, dann pflanzte er oft einen Holunder darüber. Der Holunder ist nämlich schwer auszurotten. So konnte ein Schatz auch in schweren Zeiten, z. B. in Kriegs- oder in Hungerjahren, leichter wieder gefunden werden.

Diese Strategie ist sehr gut. Erst wenn die Samen wirklich reif sind, schmeckt auch das Fruchtfleisch, dadurch ist gewährleistet, dass die Früchte nicht zu früh geerntet werden. Die Samen nehmen auf ihrem Weg durch Magen und Darm der Vögel keinen Schaden, und wenn sie am nächsten Tag wieder ausgeschieden werden, sind die Träger unter Umständen viele Kilometer vom Ursprungsort entfernt. Für diese Dienstleistung des Samenverbreitens belohnen die Beeren und Früchte die Boten mit wertvollen Substanzen. Die Inhaltsstoffe der Pflanzen sind für Mensch und Tier lebensnotwendig.

Botanisch gesehen zählen nicht nur Holunder, Johannisbeeren, Himbeeren und Co. zu den Beerenfrüchten, sondern auch andere so genannte Schließfrüchte – wie z. B. Melonen, Zitronen und Kiwis.

Das Sammeln von Holunder

Am sinnvollsten ist es, sich einige Holundersträucher an einer geeigneten Stelle auszusuchen, nämlich nicht zu dicht an einer stark befahrenen Straße und nicht neben einer Fabrik oder an einer Schutthalde. Dann kann man jedes Jahr an den selben Sträuchern Blüten und Beeren ernten. Eine wichtige Regel ist dabei, dass man von Beeren (und übrigens auch von Kräutern) nie mehr sammeln sollte, als man für ein Jahr benötigt. Kräuter, die älter als ein Jahr sind, verlieren nämlich an Heilwirkung. Blüten und Beeren sind außerdem Teil der Nahrungskette, auf die Wildtiere angewiesen sind. Aus diesem Grund sollte man nur die Teile ernten, die auch verwertet werden. Dabei sollten nie mehrere verschiedene Kräuterarten in einem Gefäß gesammelt werden. Zum Ernten eignet sich am besten ein kleines scharfes Messer. Auf keinen Fall die Blüten mit einer Schere abschneiden! Die Blüten oder Beeren sammelt man in einem Korb, nicht in einer Plastiktüte, weil diese nicht genügend Luft an die Blüten lässt. Es besteht sonst die Gefahr, dass diese schnell verderben und so wertvolle Inhaltsstoffe verloren gehen.

Vorsicht bei der Ernte von Holunderbeeren! Der Saft der Früchte hinterlässt hartnäckige Flecken auf der Kleidung. Zur Ernte ist also Arbeitskleidung angebracht.

Tipps zum Sammeln von Holunder

- Nie mehr ernten, als noch am selben Tag verarbeitet werden kann.
- Blüten und Früchte des Holunders sollten nur an milden und trockenen Tagen gesammelt werden.
- Der Standort des Holunders, der abgeerntet werden soll, sollte mit Bedacht ausgewählt werden: Hierbei sind viel befahrene Straßen, Fabriken oder Schutthalden unbedingt zu meiden.
- Zum Einsammeln sollte auf keinen Fall eine Plastiktüte benutzt werden.
- Grundsätzlich nur vollständig ausgereifte Blüten und Beeren sammeln!
- Vom Sammeln von Rinde und Wurzeln ist abzuraten, weil die Bäume dadurch zu sehr beschädigt werden und die Blätter in der Regel denselben Zweck erfüllen.
- Die Blätter sollten noch vor dem Beginn der Blüte gesammelt werden, weil dann die Konzentration der Inhaltsstoffe höher ist.
- Die Dolden nicht mit einer Schere abschneiden oder gar abreißen! Ein kleines scharfes Messer eignet sich für die Ernte am besten.
- Die Blüten werden erst dann geerntet, wenn der Holunder in voller Blüte steht. Je nach Standort ist dies von Ende Mai bis Juli der Fall; der Hirschholunder hingegen blüht bereits im April.
- Die Beeren können in sonnigen Lagen oft bereits im August geerntet werden. Jedoch sollte dabei unbedingt darauf geachtet werden, dass die Beeren ganz ausgereift sind. Unreife Beeren sind nämlich ungenießbar! An sehr schattigen Standorten findet man oft noch bis Ende September oder sogar Anfang Oktober einen Holunderstrauch, der reife Früchte trägt.

Das beste Wetter

Wenn Kräuter bei nassem oder kaltem Wetter gesammelt werden, büßen sie einen Großteil ihrer Heilkraft ein, weil sich die Kraft der Pflanze ohne die Sonneneinwirkung nicht voll entfalten kann. Auch das Trocknen gelingt dann nicht besonders gut. Generell sollten Blüten und Blätter nur bei trockenem Wetter geerntet werden (auch bei anderen Heilpflanzen).

Zum Einsammeln der Holunderblüten kann bestens ein luftdurchlässiger Stoffsack verwendet werden.

Die beste Tageszeit

Auch die Tageszeit spielt für die Ernte von Heilkräutern eine Rolle. Am besten sollte man Blüten oder Beeren um die Mittagszeit ernten, denn dann haben sich die Blüten ganz geöffnet bzw. die Wirkstoffe sind bis in die Beeren hinaufgewandert. Wenn die Sonne schon wieder im Sinken begriffen ist, bereiten sich die Pflanzen auf die Nacht vor und ziehen ihren Saft in die Wurzeln zurück. Auch Pflanzen, die schon am Verblühen sind, haben ihre Kraft verloren, deshalb besitzen sie als Heilkraut keinen großen Wert mehr. Sie sollten zu Heilzwecken nicht gesammelt werden.

Trocknen und Aufbewahren

Bis eine Pflanze durch den Trockenvorgang zur Aufbewahrung geeignet ist, hat sie etwa 80 bis 90 Prozent ihres Gewichts verloren. Bei günstiger Witterung reicht meist der natürliche Trockenvorgang an einem schattigen, gut durchlüfteten Ort aus. In ungünstigen Fällen muss im Backofen oder auf dem Kachelofen nachgetrocknet werden, um Schimmel zu vermeiden. Die richtige Technik ist beim Trocknen sehr wichtig, sonst war die ganze Mühe des Sammelns umsonst, und man muss sich bis zur neuen Ernte im nächsten Jahr gedulden.

Tipps zum Trocknen und Aufbewahren

- Blätter, Blüten und Beeren sollten nie in der prallen Sonne getrocknet werden, das schädigt die Pflanzen.
- Die Blüten werden dabei auf einer luftdurchlässigen Unterlage dünn ausgebreitet. Gut geeignet ist zu diesem Zweck ein dünner Stoff (Tüll oder Gaze), der auf einen Rahmen gespannt ist. Auf keinen Fall sollte auf Metall, Folien oder Plastik getrocknet werden. Auch Haushaltstücher auf einem Drahtgitter sind als Unterlage zum Trocknen gut geeignet. Diese besitzen den Vorteil, Feuchtigkeit aufzunehmen. Außerdem können sie öfter gewechselt werden.

Während des Trockenvorgangs sollte genügend Luft an die Blüten kommen, damit eine spätere Schimmelbildung möglichst ausgeschlossen wird.

- Sind die Blütendolden getrocknet, werden sie abgerebelt. Das bedeutet, die Blüten werden vorsichtig durch ein Sieb gerieben und somit von ihren Blütenständen befreit. Der Fachausdruck für Pflanzen mit dieser Art der Trocknung heißt gerebelte Droge. Anschließend sollten die gerebelten Blüten nochmals gut nachgetrocknet werden.
- Ätherische Öle sind maßgeblich an der Heilwirkung einer Pflanze beteiligt. Da ätherische Öle – wie der Name besagt – leicht flüchtige Stoffe sind, dürfen Kräuter mit diesen Inhaltsstoffen beim Trocknen keinesfalls über 40 °C erhitzt werden.
- Das Nachtrocknen ist im Backofen oder auf dem Kachelofen möglich, aber niemals in der Mikrowelle!
- Die getrockneten Blüten sollten am besten in einer verschließbaren dunklen Flasche (in jeder Apotheke erhältlich) und an einem kühlen und dunklen Ort aufbewahrt werden.
- Aus Holunderbeeren wird meist Saft, Mus oder Marmelade hergestellt. Sie können sie jedoch auch trocknen oder einfrieren.

Die Verwandten des Holunders

Der Schwarze Holunder (Sambucus nigra) besitzt etwa 20 Verwandte, von denen an dieser Stelle aber nur zwei näher beleuchtet werden sollen: der Rote Holunder, auch Hirsch-, Korallen- oder Traubenholunder genannt, und der Attich (auch Zwerg- oder Stinkholunder), eine Staude mit rosa Blüten.

Der Name »Stinkholunder« für Attich rührt von dem unangenehm starken Geruch seiner ungenießbaren Früchte her.

Attich

Unter diesem Namen ist der Zwergholunder (Sambucus ebulus) in der Naturheilkunde bekannt. Den Attich kann man leicht vom Schwarzen Holunder unterscheiden, denn er ist kein Holzgewächs, sondern eine krautige Staude, die bis zu zwei Meter hoch werden kann und damit deutlich kleiner ist als der Schwarze Holunder. Die Blüten sind rosa, die Beeren schwarz und ungenießbar. Die Blätter sind deutlich schmaler und spitzer als die des Schwarzen Holunders. Der Zwergholunder gedeiht häufig an Waldrändern, Böschungen und Schuttplätzen. In der Naturheilkunde werden nur Wurzeln und Blüten zu Heilzwecken verwendet. Die Blüten werden getrocknet und finden dann beispielsweise als Hauptbestandteil des Kneipptees Verwendung.

Um Wanzen und Läuse loszuwerden, stellte man in früheren Zeiten in jedes Zimmer einen Strauß mit Attichblüten. Durch den eindringlichen Geruch der Blüten wurden die ungebetenen Gäste auf natürliche Weise vertrieben.

Roter Holunder

Der Rote Holunder oder Hirschholunder – sein lateinischer Name ist Sambucus racemosa – wird auch als Trauben- oder Waldholunder bezeichnet. Er kann bis zu vier

Meter hoch werden. Die Farbe seiner Blüten ist gelblich, die Beeren sind rot und entwickeln gelbbraune Samen. In Form und Größe sieht er dem Schwarzen Holunder ähnlich. Er kann deshalb, wenn er nicht blüht oder Früchte trägt, leicht verwechselt werden. In dieser Situation hilft es, zur Bestimmung einen größeren Ast abzuschneiden und das Mark zu betrachten. Beim Roten Holunder ist es nicht weiß wie beim Schwarzen Holunder, sondern gelbbraun. Außerdem sucht der Rote Holunder im Gegensatz zu seinem nahen Verwandten meist die unberührte Natur fernab von menschlicher Besiedlung.

Werfen Sie Rückstände, die bei der Holundersaftherstellung entstehen, nicht achtlos weg. Sie können diese noch gut als Vogelfutter verwenden.

Nur bedingt genießbar

Die Früchte des Hirschholunders besitzen einen sehr hohen Anteil an Vitamin A und C. Die Samenkörner sind allerdings giftig! Sie sollten deshalb auf keinen Fall roh verzehrt werden. Auch als Heilpflanze ist der Rote Holunder nur mit Vorsicht zu genießen. Die Beeren lassen sich jedoch gut zu Marmelade verarbeiten.

Obwohl die Beeren so verlockend rot leuchten: Frisch können sie sehr schnell zu Magenschmerzen führen.

Holunder im Handel

Der Holunder ist Bestandteil vieler schweißtreibender, harntreibender und abführender Medikamente. Blätter und Blüten werden auch homöopathisch aufbereitet. Es gibt verschiedene Naturheilmittel, die aus dem Holunder gewonnen werden. Sie werden vor allem bei rheumatischen Gelenkentzündungen und bei Fieber angewendet. Schließlich gibt es Holunder auch in verschiedenen Teezubereitungen. Der Holundertee besitzt sogar eine Standardzulassung des ehemaligen Bundesgesundheitsamts.

Holundersaft ist praktisch frei von Rohrzucker und enthält einen hohen Anteil an lebenswichtigen Vitaminen, Mineral- und Eiweißstoffen.

Beliebter Holundersaft

Das wohl beliebteste und bekannteste Fertigprodukt ist der Holundersaft, der nie aus rohen, sondern immer aus abgekochten Beeren gewonnen wird. Die Bezeichnung »Muttersaft« besagt, dass es sich um unverdünnten und ungesüßten Holundersaft handelt. Daneben sind jedoch auch gesüßte Varianten des Holundersafts erhältlich. Der Saft enthält einen hohen Anteil an lebenswichtigen Vitaminen und Mineralstoffen.

Der Anbau von Holunder

Seit der Holunder aufgrund seiner Heilkräfte wieder eine entsprechende Wertschätzung erfährt, wird er auch in Kulturen angebaut, um aus seinen Blüten und Beeren Tees und Säfte zu gewinnen. Die Fruchtdolden kultivierter Holundersträucher sind erheblich größer und reifen früher als die des wilden Holunders. Holunderanpflanzungen gibt es auch in Deutschland und Dänemark, insbesondere jedoch wird der Holunder in Russland, der Türkei und in mehreren Balkanstaaten kultiviert.

Wo man Holunder kaufen kann

▸ Die getrockneten Blüten gibt es in Apotheken.

▸ Die fertigen Tees (Blüten, Rinde, Wurzeln, Blätter) gibt es in Drogerien und Apotheken.

Selbstverständ-lich gibt es auch in jeder Apothe-ke eine Vielzahl von Medika-menten, in denen Holunder als zusätzlicher Inhaltsstoff ver-wendet wird.

▸ Den puren (unverdünnten und ungesüßten) Saft, auch Muttersaft genannt, und den Trinksaft bekommt man in Reformhäusern und Bioläden (auf Bestellung auch in Apotheken).

▸ Verschiedene Brotaufstriche aus Holunderbeeren, meist mit anderen Früchten gemischt, können im Reformhaus oder in Bioläden eingekauft werden.

▸ Aqua sambuci ist in Apotheken erhältlich: Es wird als adstringierendes (zusammenziehendes) Heilmittel bei Augenentzündungen und für pflegende Kosmetikprodukte verwendet.

▸ Mittel für die Schönheitspflege, in denen Holunder enthalten ist, gibt es in Apotheken und Drogerien.

Wer Lust hat, Holunder selbst zu ernten: Im August und September ist es soweit.

Holunder im Garten

Wenn man einen Holunderbusch selbst ziehen will, ist es sinnvoll, mindestens zwei Sträucher zu setzen, denn die Blüten sind meist selbststeril: Wenn kein zweiter Strauch in der Nähe steht, können die Blüten nicht befruchtet werden, und es entwickeln sich keine Beeren.

Der richtige Standort

Holunder ist schnellwüchsig und wächst je nach Züchtung stark in die Breite. Der nächste Nachbar sollte deshalb vier bis fünf Meter entfernt sein, da ein Holunder, der erst einmal Wurzeln geschlagen hat, kaum noch aus dem Garten zu verbannen ist. Selbst ein abgeschlagener Holunder treibt von unten wieder nach. Was die Pflege und den Standort betrifft, ist Holunder völlig unkompliziert. Er wächst an sonnigen Plätzen ebenso gut wie an schattigen. Besonders gut gedeiht die Pflanze in feuchten, phosphor- und stickstoffreichen Böden.

Auch Kalkböden werden vom Schwarzen Holunder bevorzugt – im Gegensatz zu seinem Verwandten, dem Hirschholunder (Sambucus racemosa), der kalkfeindlich ist und feuchte, sandiglehmige Böden vorzieht.

Holunder selbst züchten

Holunder kann man problemlos durch Stecklinge oder Samen selbst züchten. Hartholzstecklinge in einer Länge von 22 bis 30 Zentimeter werden hierfür in der Zeit von Oktober bis Februar abgenommen und in die Erde gesteckt. Die Aussaat der Samen erfolgt im Herbst.
Zur eigenhändigen Ernte empfehlen sich auch die kultivierten Züchtungen, die man in Gärtnereien kaufen kann. Die Früchte sind größer und saftiger; sie bringen dabei je nach Sorte bis zu 200 Gramm pro Beerendolde auf die Waage. Gepflanzt werden die Holunderzüchtungen bei milder Witterung in der Zeit von Oktober bis März. Die Wurzeln werden hierbei in feuchten Torfmull eingebettet und fest in den Boden gedrückt.

Tipps zur Pflege

● Bei trockenem Wetter muss der Holunder gegossen werden.

● Gegebenenfalls muss der Baum gegen Holunder-blattläuse oder Virusbefall gespritzt werden (jedoch nur mit natürlichen Mitteln; siehe unten).

● Im späten Frühjahr empfiehlt es sich, den Wurzel-bereich mit feuchtem Torfmull, Gartenkompost oder Stallmist abzudecken, um ein Austrocknen der Wurzeln zu verhindern.

● Hat der Holunderstrauch einmal ausgeblüht, sollte man der Gartenzüchtung eine Extraportion Stickstoff zuführen oder mit Kompost düngen.

● Im Spätherbst oder im Winter kann man die alten Triebe zurückschneiden und die wilden Triebe (dies sind Triebe, die von unten aus dem Stamm oder direkt aus dem Boden wachsen) entfernen.

● Ein spezieller Winterschutz ist beim Holunder nicht erforderlich.

Falls noch nicht der ganze Baum von Läusen befallen ist, kann man auch versuchen, die betroffenen Zweige vorsichtig auszuschneiden.

Mittel gegen Holunderblattläuse

Leider wird der Holunder oft von Holunderblattläusen (Aphis sambuci) befallen. Wenn man dann nicht spritzt, findet sich bald keine einzige Blüte mehr an den Dolden. Die Holunderblattläuse interessieren sich vor allem für die jungen Endteile der Zweige und für alle Stellen, an denen der Holunder während des Wachstums besonders zart und weich ist.

Holunder sollte grundsätzlich nur mit natürlichen Mitteln gegen Schädlinge behandelt und gedüngt werden, insbesondere, wenn der Strauch zu Heilzwecken oder für die Küche dienen soll! Am besten eignen sich dazu Kräuterauszüge.

Kräuterauszug zur Blattlausbekämpfung

Holunderblattläuse lassen sich auf wirkungsvolle, aber für den Menschen ungiftige Weise mit einem Brennnesselsud bekämpfen. Nehmen Sie dazu 1 Kilogramm Brennnesseln, schneiden Sie die Stängel 2- bis 3-mal durch, und setzen Sie das Kraut in 10 Liter kaltem Regenwasser an. Nach etwa 3 Tagen ist der Auszug fertig. Er wird abgeseiht und kann dann unverdünnt zum Spritzen des Holunderstrauchs verwendet werden.

Zum Binden des nicht gerade angenehmen Geruchs, den die Jauche ausdünstet, gibt man am besten etwas Steinmehl bei.

Kräuterjauche zum Düngen

Kräuterjauchen sind bestens zum Düngen geeignet. Sie erhalten eine Jauche, indem Sie die Kräuterauszüge zusätzlich gären lassen. Der Gärungsprozess setzt bei warmem Wetter nach 3 bis 4 Tagen ein und ist – abhängig von der Witterung – nach 2 bis 5 Wochen beendet. Rühren Sie die Brühe während des Gärungsvorgangs ab und zu um. Der Behälter sollte in dieser Zeit unbedingt abgedeckt und unter Verschluss aufbewahrt werden, damit Kinder oder Haustiere nicht damit in Berührung kommen können. Bevor Sie die Jauche zum Düngen benutzen, müssen Sie sie im Verhältnis 1:10 mit Wasser verdünnen.

Holunder hilft gegen Rosenblattläuse

Bei einem starken Befall können diese Parasiten eine Rosenpflanze binnen kurzer Zeit völlig zugrunde richten. Wenn Sie Blattläuse auf den Rosen haben, sollten Sie deshalb unbedingt spritzen. Hierbei hilft ein starker Absud aus frischen Holunderblättern. Kochen Sie dazu 1 Hand voll der frischen Blätter in 1 Liter Wasser 10 Minuten lang. Spritzen Sie, sobald der Absud abgekühlt ist, damit die Rosen ab.

Wirkstoffe des Holunders

Weil man eine Heilpflanze nur dann richtig einsetzen kann, wenn man sie wirklich kennt und ganz erfassen kann, soll an dieser Stelle auf die Wirkstoffe des Holunders und ihre speziellen Aufgaben im menschlichen Körper eingegangen werden. Es wurden zwar schon viele einzelne Inhaltsstoffe des Holunders nachgewiesen, welche davon aber seine Heilkraft ausmachen, ist nicht genau bekannt. Vermutlich ist es das Zusammenspiel aller heilkräftigen Substanzen. Dies sind u. a.: Vitamine (Vitamin A, C und Vitamine der B-Gruppe), Mineralstoffe (Kalium, Kalzium und Phosphor), Glykoside, Gerbstoffe, Bitterstoffe, Pflanzen- und Fettsäuren sowie ätherische Öle.

Bis heute wurden rund 200 Substanzen und Stoffgruppen entdeckt, die zu den Vitaminen gezählt werden. Und es werden von Jahr zu Jahr mehr.

Vitamine

Bei den unterschiedlichen Vitaminen handelt es sich nicht um einzelne, isolierte Substanzen, sondern um ganze Stoffgruppen. Diese werden entweder mit Großbuchstaben (Vitamin A, B, C usw.) oder mit bestimmten Namen bezeichnet.

Vor allem Wildfrüchte enthalten einen hohen Anteil an Vitaminen, die der Körper dringend benötigt. Es existieren mehr als ein Dutzend Vitamine, die für die menschliche Gesundheit unentbehrlich sind. Nur zwei davon, die Vitamine D und K, kann der Körper selbst herstellen. Alle anderen Vitamine müssen dem Körper mit der Nahrung zugeführt werden. Im Holunder sind die Vitamine A, B1, B2, C und Niazin enthalten.

Holundersaft, vor allem, wenn er heiß getrunken wird, ist ein altes Hausmittel gegen Erkältungen.

Vitamine sind lebensnotwendig

Vitamine sind Ergänzungsstoffe, sie gehören zu den organischen Verbindungen, die für die Aufrechterhaltung der Lebensfunktionen unerlässlich sind. Der menschliche Organismus benötigt nur sehr geringe Mengen an Vitaminen, diese sind jedoch lebensnotwendig. Ein Zuviel an wasserlöslichen Vitaminen (dazu gehören alle Vitamine außer den fettlöslichen Vitaminen A, D, E und K) kann der Körper aber nicht aufnehmen; sie werden wieder ausgeschieden. Da das harmonische Zusammenspiel aller Vitamine (und anderer Stoffe) ihre Wirkung ausmacht, ist eine ausgewogene Ernährung zum Erhalt der Gesundheit unerlässlich.

Bei einer gesunden und ausgewogenen Ernährung wird der Vitaminbedarf des Körpers in der Regel durch die Nahrungsaufnahme gedeckt.

In Vitamin A, C, D und E sind Kohlenstoff, Wasserstoff und Sauerstoff vorhanden. In allen übrigen Vitaminen finden sich auch die Elemente Stickstoff und Schwefel. Vitamine stärken nicht nur das Immunsystem, sie greifen auch auf vielfältige Weise in den gesamten Stoffwechsel des Körpers ein.

Vitamin A (Retinol)

Eigentlich müsste hierbei von Provitamin A (Beta-Karotin) gesprochen werden, denn in Pflanzen kommt nur diese Vorstufe von Vitamin A vor. Bei Bedarf entwickelt es sich im Körper zu einem Vitamin. Vitamin A ist im Gegensatz zu den meisten anderen Vitaminen, die wasserlöslich sind, fettlöslich. Es benötigt Fette oder Öle, um vom Körper weitertransportiert und von den Organen aufgenommen werden zu können. Der Tagesbedarf eines Erwachsenen beträgt 0,8 bis 1,0 Milligramm.

Vitamin A sichert die Lichtempfindlichkeit der Augennetzhaut und die Anpassungsfähigkeit der Augen beim Hell-Dunkel-Sehen. Nachtblindheit ist in der Regel auf einen Mangel an Vitamin A zurückzuführen. Die Erkrankung tritt übrigens häufiger bei Männern auf, weil Frauen über mehr Fettdepots verfügen, die größere Vorräte an Vitamin A speichern. Personen, die häufig mit einem Computer arbeiten, benötigen das Vitamin A in besonderem Maß, weil es dem Sehorgan bei der schwierigen Aufgabe hilft, sich auf wechselnde Kontraste bei der Tätigkeit am Bildschirm einzustellen.

Außerdem ist das Vitamin wichtig zur Aufrechterhaltung des Immunsystems, für das Wachstum der Knochen und das Funktionieren der Blase sowie zum Schutz der Schleimhäute. Es fördert die Wundheilung und kann bei Leberschädigungen, die etwa durch Alkohol- oder Medikamentenmissbrauch entstanden sind, eine regenerierende Wirkung ausüben. Aufgrund seiner antioxidativen Eigenschaften besitzt Vitamin A auch eine hemmende Wirkung auf die Bildung von Tumoren.

Vitamin B1 (Thiamin)

Zusammen mit dem Mineralstoff Phosphor wird Vitamin B1 in vielen Enzymen und lebenswichtigen Biokatalysatoren des menschlichen Körpers benötigt. Es muss deswegen dem Organismus täglich in ausreichender Menge zugeführt werden. Der Tagesbedarf eines Erwachsenen beträgt 1,1 bis 1,3 Milligramm.

Ein Mangel an Vitamin B1 kann durch Alkoholmissbrauch, einseitige Schlankheitskuren, Hochleistungssport und während einer Schwangerschaft entstehen. Bei leichtem Mangel reagiert der Körper meist mit unspezifischen Symptomen wie Appetitlosigkeit, Erbrechen, Durchfall und Müdigkeit. Alkoholismus führt oft zu einem schwer wiegenden Vitamin-B1-Mangel, wodurch das Nervensystem angegriffen werden kann. Als eine Folge können dann Lähmungen auftreten.

Holunder besitzt einen enormen Reichtum an Vitaminen der B-Gruppe. Vitamin B1 wandelt Kohlenhydrate und Fette in Energie um. Vitamin B2 erhält Haut und Schleimhäute gesund. Die Vitamine der B-Gruppe sorgen dadurch für Power und gute Laune!

Vor und während der Schwangerschaft sollte auf eine reichliche Zufuhr von Vitamin B1 geachtet werden. Nebenwirkungen bei einer Überdosierung sind bisher nicht festgestellt worden. Eine zu hohe Dosis des wasserlöslichen Vitamins wird vom Körper wieder ausgeschieden.

Vollkornbrote sind besonders reich an Vitamin B1. Essen Sie deshalb weniger helle Brötchen, sondern öfter mal ein Vollkornbrot zum Frühstück.

Vitamin B2 (Riboflavin)

Das Vitamin spielt eine wichtige Rolle für die Gesundheit der Schleimhäute, insbesondere jener der oberen Atemwege und des Magen-Darm-Trakts. Riboflavin ist zudem entscheidend am Sehvorgang beteiligt, vor allem beim Sehen in der Dämmerung. Auch zur Vorbeugung gegen den grauen Star ist eine ausreichende Zufuhr von Vitamin B2 unbedingt zu empfehlen.

Bei einem Mangel an Vitamin B2 können Wachstumshemmungen (bei Kindern und Jugendlichen), Nagelveränderungen und ein Schwund der Schleimhaut im Rachenbereich auftreten. Diese Symptome werden meist schon durch eine Erhöhung der Aufnahme von Vitamin B2 behoben. Der Tagesbedarf eines Erwachsenen liegt bei 1,5 bis 1,7 Milligramm.

Niazin (Nikotinsäure)

Niazin spielt eine wichtige Rolle im Kohlenhydrat-, Protein- und Fettstoffwechsel des Organismus. Es wirkt durchblutungsfördernd, regulierend auf die Hautfeuchtigkeit und ist an der Pigment- und Kollagenbildung der Haut beteiligt. Ein Mangel an Niazin kann zu Verdauungsstörungen und zu Störungen des Zentralnervensystems führen (Demenz, Verwirrtheit, Halluzinationen, Depressionen). Der tägliche Bedarf eines Menschen von etwa 15 bis 18 Milligramm muss zum größten Teil über die Nahrung gedeckt werden.

Vitamin C (Askorbinsäure)

Das bekannte Vitamin gleicht in seinem chemischen Aufbau dem Zucker und kann auch künstlich hergestellt werden. Selbstverständlich ist jedoch das natürliche Vitamin C dem künstlichen immer vorzuziehen. Erwachsene sollten täglich mindestens 75 Milligramm Vitamin C aufnehmen. Bei Erkrankungen, bei denen das Immunsystem viel Arbeit leisten muss, benötigt der Körper wesentlich mehr Vitamin C als sonst. Bei Infektionen und Fieber sollte Vitamin C deshalb reichlich zugeführt werden (z. B. in Form von Holundersaft). Frauen haben während der Schwangerschaft einen erhöhten Bedarf an Vitamin C.

Vitamin C spielt eine wichtige Rolle beim Aufbau und Erhalt von Haut, Knochen und Zähnen. Es unterstützt die Wundheilung und wirkt positiv bei Gelenkerkrankungen wie Arthritis oder Arthrose. Zudem ist das Vitamin wesentlich an der Blutbildung beteiligt, indem es die Eisenaufnahme im Darm verbessert.

Besonders reich an Vitamin C sind Zitrusfrüchte, Holunder, Schwarze Johannisbeeren, Hagebutten, rohes Sauerkraut und Paprika.

Lebensfreude und Gesundheit durch ein starkes Immunsystem: Holunderbeeren machen es möglich.

Mineralstoffe

Wenn man von Mineralstoffen spricht, sind Metalle und andere anorganische Elemente gemeint, die vom Organismus in Form von Salzen über die Nahrung aufgenommen werden. Im Holunder sind hauptsächlich die Mineralien Kalium, Kalzium und Phosphor vorhanden. Die moderne wissenschaftliche Forschung hat nachgewiesen, dass ohne Mineralstoffe im menschlichen Organismus nichts geht. Ein Mangel an Mineralstoffen kann schlimme Folgen haben.

Ein leichter Kaliummangel kann durch eine Kur mit Holundersaft ausgeglichen werden. Holunder enthält verhältnismäßig viel Kalium – etwa 50 Milligramm pro Liter.

Kalium

Kalium gehört mit Kalzium und Phosphor zu den Mineralstoffen, von denen im menschlichen Körper die größten Mengen vorkommen. Es bildet die Grundlage für die Aufrechterhaltung des osmotischen Drucks in den Zellen, gewährleistet die normale Reizbarkeit von Muskeln und Nerven, ist wichtig für die Herstellung von körpereigenem Protein, steigert die Glykolyse (Abbau von Stärke), die Lipolyse (Abbau von Fett) und die Gewebeatmung. Auch an der Säurefreisetzung im Magen und der Ausschüttung von Hormonen ist Kalium beteiligt. Außerdem reguliert der Mineralstoff den Wasserhaushalt, steigert die Aktivität einiger Enzyme und ist äußerst wichtig für den Aufbau energiereicher Phosphatverbindungen.

Der Tagesbedarf an Kalium beträgt 3,0 bis 4,0 Gramm. Um gesund zu bleiben, benötigt der menschliche Organismus eine kaliumreiche und natriumarme Ernährung. Deshalb sollte man möglichst viele pflanzliche Nahrungsmittel zu sich nehmen. Einseitige Ernährung mit wenig pflanzlicher Kost führt zu Kaliummangel. Die Symptome sind dabei: Erschöpfung, Apathie, muskuläre

Kalium als Gegenspieler von Natrium

- Kalium, Natrium und Chlor regeln den Wasserhaushalt des Körpers. Hierbei sind Kalium und Natrium (-chlorid) Gegenspieler, weshalb sich ihre Mengen in der täglichen Nahrungsaufnahme in etwa die Waage halten sollten.
- In den westlichen Industriestaaten nehmen die Menschen aufgrund einseitiger Ernährung bis zu sechsmal so viel Natrium wie Kalium zu sich. In Ländern, in denen das Natrium-Kalium-Verhältnis der Ernährung ausgewogener ist, kommen beispielsweise Bluthochdruck oder Durchblutungsstörungen viel seltener vor.
- Der Mineralstoff Kalium fördert die Wasserausscheidung und erweitert die Gefäße. Dies wirkt sich positiv auf den Blutdruck und die Herztätigkeit aus.
- Kalium ist vor allem in Gemüse, Getreide, Obst, Fisch und Nüssen enthalten. Besonders kaliumreich sind Kartoffeln, Linsen und Sojabohnen.
- Falsche Zubereitung mindert den Kaliumgehalt dieser Lebensmittel. In zu viel Wasser gekocht, laugen z. B. Kartoffeln aus, und das Kalium verschwindet teilweise mit dem Kochwasser im Abfluss. Deshalb sollte Gemüse und insbesondere Kartoffeln in wenig Wasser oder Fett gedünstet werden.

Zum schonenden Dünsten von Gemüse und Kartoffeln eignet sich die Mikrowelle hervorragend, obwohl sie zum Trocknen von Holunder denkbar ungeeignet ist (siehe Seite 20).

Schwäche, in schweren Fällen sogar Lähmungserscheinungen. Auch Appetitlosigkeit, Übelkeit, Herzrhythmusstörungen oder Herzschwäche mit Ödemen können von einem Mangel an Kalium herrühren.

Kalzium

Kalzium ist ein wichtiger Baustein für Zähne, Knochen und Knorpel. Im Körper befindet sich etwa ein Kilogramm Kalzium, das bis zu 99 Prozent in den Knochen und Zähnen gebunden ist. Kalzium verleiht ihnen die notwendige Festigkeit. Das nicht gebundene Kalzium stabilisiert die Zellmembranen und ist maßgeblich an der Impulsübertragung von Nervengewebe und Muskelzellen sowie an der Blutgerinnung und Wundheilung beteiligt. Die empfohlene tägliche Zufuhr von Kalzium liegt bei 0,8 Gramm. Kalzium wurde in Asien bereits in vorchristlicher Zeit als blutstillendes Mittel verwendet. Außerdem kann es allergische Reaktionen lindern sowie Wadenkrämpfen und Durchblutungsstörungen vorbeugen. Besonders wichtig ist Kalzium für Jugendliche, die sich im Wachstum befinden, sowie für schwangere und stillende Frauen, deren Kalziumbedarf erhöht ist. Ein Liter Holundersaft enthält etwa 50 Milligramm Kalzium.

Die tägliche Phosphoraufnahme sollte eigentlich etwa im Verhältnis 1:1 zum Kalziumbedarf stehen. Weil jedoch Phosphor doppelt so gut vom Körper resorbiert wird, ist ein doppelt so hoher Kalziumanteil in der Nahrung empfehlenswert.

Phosphor

Von dem Mineralstoff Phosphor kommt nach Kalzium mit 700 Gramm die zweitgrößte Menge im menschlichen Körper vor. Etwa 85 Prozent davon befinden sich in Knochen und Zähnen, etwa nur 10 bis 15 Prozent in Blut und Gewebe. Es ist an allen energieverbrauchenden Stoffwechselvorgängen maßgeblich beteiligt. Außerdem besteht zwischen Phosphor und Kalzium eine enge Beziehung. So kann z. B. eine zu hohe Phosphorzufuhr den Kalziumstoffwechsel negativ beeinflussen und Wachstumsstörungen und Knochenverformungen verursachen.

Zu Mangelerscheinungen kommt es aufgrund des Phosphatreichtums unserer Lebensmittel nur selten. Es wird ein Zusammenhang zwischen Überdosierung und hyperkinetischem Syndrom (hyperaktives Verhalten) vermutet. In den Früchten des Holunders sind etwa 60 Milligramm Phosphor pro 100 Gramm Beeren enthalten.

Weitere Inhaltsstoffe

Neben Vitaminen und Mineralstoffen enthält der Holunder zahlreiche andere Stoffe, deren Beitrag zur Gesundheit meist weniger bekannt ist.

Ätherische Öle

In den Blüten und Blättern des Holunders sind ätherische Öle enthalten, stark duftende Stoffe, die eine komplizierte chemische Zusammensetzung aufweisen und leicht flüchtig sind. Schon bei Zimmertemperatur oder durch Zerreiben werden sie freigesetzt. Die Art ihrer Zusammensetzung macht den artentypischen Duft der Pflanze aus, den sie verbreitet, um Insekten zur Bestäubung anzulocken. Nicht nur in den Blüten sind ätherische Öle zu finden, sondern auch in Knospen, Samen, Blättern, Hölzern, Knollen und Wurzeln einer Pflanze. Die Blüten des Holunders enthalten bis zu 0,2 Prozent ätherisches Öl.

Die Wirkungsweise von ätherischen Ölen ist vielfältig und abhängig von der chemischen Zusammensetzung. Sie kann krampflösend, blähungs- und entzündungshemmend, antibakteriell, appetitanregend, durchblutungsfördernd, desinfizierend, sekretionsfördernd oder entwässernd sein. Im Fall des Holunders sind 34 verschiedene chemische Verbindungen an der Zusammensetzung des ätherischen Öls beteiligt. Hauptbestandteil ist Phenylazetaldehyd, der in den meisten ätherischen Ölen enthalten ist.

Gerbstoffe

Holundersaft enthält wesentlich mehr Gerbstoffe als die meisten anderen Fruchtsäfte. Bei einem Liter Holundersaft sind es bis zu etwa vier Milligramm Gerbstoffe,

Eine Behandlung mit ätherischen Ölen bzw. Aromaölen ist bei vielen Krankheiten empfehlenswert. Eine gute Wirkung erzielt die Aromatherapie dabei vor allem im Bereich von Kopf und Nerven, weil die ätherischen Öle über das limbische System unmittelbar auf das Gehirn wirken.

Wichtig: Da sich Gerbstoffe unter Einwirkung von Sauerstoff zersetzen, sollte man gerbstoffhaltige Drogen immer in dicht schließenden und am besten auch dunklen Gefäßen aufbewahren.

während andere Fruchtsäfte meist nur einen Anteil von bis zu einem Milligramm enthalten. Gerbstoffe kommen vor allem in Baumrinden und Hölzern, Früchten und Blättern vor. Sie sind wasserlösliche, stickstofffreie Produkte des Stoffwechsels. Weil sie die Fähigkeit besitzen, Alkaloide und Eiweißstoffe auszuschwemmen, wirken sie auf den Organismus entgiftend. Sie verhüten Fäulnis, helfen bei Magen- und Darmschleimhautentzündungen und beugen zahlreichen Hauterkrankungen vor.

Glykoside

Glykoside sind Verbindungen von Zuckerarten mit zuckerfremden Bestandteilen, die die Eigenschaft besitzen zu kristallisieren. In ihrer Wirkungsweise sind sie vielfältig: Sie können darmentleerend, schmerzstillend, schleimlösend, entschlackend und schweißtreibend, desinfizierend im Blasenbereich und entzündungshemmend wirken. Zudem sind Glykoside in vielen Herzmedikamenten enthalten.

Holunder – ob als Saft, Tropfen oder als Globuli – ist ein wirksames Heilmittel.

Vorsicht, Blausäure

- Rinde, Blätter und unreife Beeren produzieren ein Glykosid, das Blausäure abspaltet. Blausäure ist ein Zellgift und wirkt auch in niedrigen Dosen sehr aggressiv.
- Deshalb darf Holunder in der Regel nur in abgekochtem Zustand eingenommen oder zubereitet werden – ausgenommen in kleinsten Dosen als Heilmittel (z. B. als Homöopathikum).
- In roher Form verzehrt, rufen die Beeren Verdauungsstörungen, Übelkeit und Erbrechen hervor. Aufgrund dieser Wirkungsweise ist Holunder auch ein Bestandteil von vielen Abführmitteln.

Sambunigrin ist ein Glykosid, das in der Lage ist, Blausäure zu entwickeln. Blausäure bewirkt Übelkeit und Erbrechen. Sambunigrin ist jedoch nur in den rohen oder unreifen Beeren enthalten. Deshalb gilt die Regel, dass Holunder vor dem Verzehr größerer Mengen abgekocht werden muss.

Flavonoide

Pflanzenfarbstoffe oder Flavonoide kommen in den Blüten und Blättern von Pflanzen vor. Sie sind u. a. für die Färbung der Pflanzen verantwortlich. Sambucyanin ist der Name des Farbstoffs, der dem Holunder seine dunkle Farbe verleiht.

Sambucyanin ist auch in Zitronen, Orangen, Paprika und sogar in Getreidekeimen enthalten. Der Pflanzenfarbstoff besitzt eine gefäßerweiternde Wirkung und hilft deshalb gegen Durchblutungsstörungen und bei Herzproblemen. Früher wurden Sambucyanin und andere Flavonoide zu den Vitaminen gezählt und als Vitamin P bezeichnet.

Unter dem Oberbegriff »Flavonoide« werden verschiedene, in der chemischen Grundstruktur ähnliche pflanzliche Wirkstoffe zusammengefasst. Namengebend ist hierbei die meist gelbe Farbe vieler Flavonoidpflanzen (lat. flavus = gelb).

Mit Holunder heilen

Ganz gewiss ist es nicht nötig, wegen jeder Kleinigkeit gleich zum Arzt oder Heilpraktiker zu gehen. Auch unsere Vorfahren hatten diese Möglichkeit nicht und halfen sich mit lang erprobten Hausmitteln über leichtere Krankheiten und Alltagsbeschwerden hinweg. Eine Selbstbehandlung darf jedoch keinesfalls darauf abzielen, ernsthafte Krankheiten heilen zu wollen. Bei starken oder längerfristigen Beschwerden ist der Gang zum Arzt oder Heilpraktiker unvermeidbar. Denn nur auf der Grundlage einer genauen Diagnose ist auch eine sinnvolle und wirksame Therapie möglich.

Selbstmedikation

Vernunft und Verantwortung gegenüber dem eigenen Körper ist die wichtigste Voraussetzung für eine erfolgreiche Selbstmedikation. Das beinhaltet selbstverständlich auch, die bisherige Lebensweise mit einzubeziehen und gegebenenfalls zu ändern, etwa die Ernährungsgewohnheiten oder das Freizeitverhalten.

Ein Mensch, der täglich nicht mehr als einen halben Liter Flüssigkeit zu sich nimmt, wird Probleme mit dem Stuhlgang haben. Wenn er nun versucht, sein Problem mit einem morgendlichen Löffel Leinsamenkörner in den Griff zu bekommen, wird er sich eher Schaden zufügen. Denn wer Leinsamen isst, muss die Wasserzufuhr erhöhen, weil Leinsamen Flüssigkeit benötigen, um zu quellen. Ist davon nicht genug vorhanden, klumpen die Samen und verstopfen. Dieses Beispiel zeigt, wie wichtig es ist, ein einzelnes gesundheitliches Problem ganzheitlich zu betrachten.

Eine natürliche und ausgewogene Ernährungsweise ist die beste Medizin. Nur wer genügend Ballaststoffe, Vitamine, Mineralstoffe und Flüssigkeit zu sich nimmt, lebt letztlich gesund.

Gesundheit vom Wochenmarkt: In früheren Zeiten war das Heilen mit Kräutern und Beeren gang und gäbe.

Hausapotheke Natur

Mittel aus der Hausapotheke von Mutter Natur sind – vorausgesetzt sie werden richtig angewendet – eine Möglichkeit, die Selbstheilungskräfte des Körpers anzuregen. Allerdings ist es für Laien oft nicht möglich, die richtige Diagnose zu stellen. Diese ist jedoch die notwendige Voraussetzung, um das richtige Heilmittel einzusetzen.

Seit Urzeiten machen sich die Menschen die Heilkräfte der Pflanzen zunutze, um Krankheiten zu heilen und Beschwerden zu lindern.

Naturheilkunde ...

Die Naturheilkunde betrachtet den Patienten ganzheitlich. Heilpraktiker oder Ärzte mit einer entsprechenden Zusatzausbildung wenden biologische Heilverfahren an (z. B. Wasser-, Wärme- oder Kältereize). Sie verordnen biologische und naturbelassene Heilmittel. Auch psychotherapeutische Maßnahmen und die Änderung negativer Lebensgewohnheiten werden in die Behandlungsstrategie mit einbezogen.

... und Phytotherapie

Unter Phytotherapie versteht man die Behandlung mit Heilpflanzen und pflanzlichen Präparaten. Der Phytotherapeut ist ein entsprechend ausgebildeter Arzt oder Heilpraktiker, der sich auf Heilkräuter spezialisiert hat. Die Therapie zielt darauf ab, die Selbstheilungskräfte des Patienten anzuregen, um Beschwerden zu lindern und langfristige Heilungsprozesse einzuleiten.

Mit Heiltees ist nicht zu spaßen

Gerade bei Heiltees kommt es auf die richtige Dosierung an. Ein Zuviel hat oft genau die entgegengesetzte Wirkung von der, die eigentlich erreicht werden soll. Dies gilt für Holundertee genauso wie für jeden anderen Heiltee (z. B. Kamillentee). Manche Heilpflanze, wie beispielsweise Arnika, kann in einer stark überhöhten Dosis sogar zum Tode führen. Es ist deswegen äußerst wichtig, die in den Rezepten angegebenen Mengenangaben unbedingt einzuhalten.

Tees richtig zubereiten

Heiltees sollten nie mit Hilfe eines Metallbehälters, wie etwa in einem so genannten Teeei, zubereitet werden. Für einen Aufguss sollte am besten ein Stoff- oder Papierfilter benutzt werden. Man kann den Tee auch in einem Porzellangefäß aufbrühen, ziehen lassen und dann über ein Sieb in eine Tasse abgießen.

Ein Heiltee sollte nach Möglichkeit ungesüßt eingenommen werden, denn die Wirkung wird in vielen Fällen nicht erst im Magen erzielt, sondern schon über die Schleimhaut im Mund. Zucker und Süßstoff beeinträchtigen diesen Effekt. Wenn man auf den süßen Geschmack keinesfalls verzichten will, sollte höchstens mit etwas Honig gesüßt werden.

Der Tee ist die beliebteste Arzneiform von Heilpflanzen. Man kann dabei zwischen einer einzelnen Pflanze und verschiedenen Kräutermischungen wählen.

Einfacher als Holunderblüten selbst zu trocknen, ist es, sie zu kaufen: Jeder gute Teeladen bietet auch diesen Tee mittlerweile an.

Erkältungskrankheiten

Unter dem Oberbegriff »Erkältungskrankheiten« werden in der Regel mehr oder weniger heftig einsetzende schleimbildende Erkrankungen der oberen Atemwege zusammengefasst. Es handelt sich dabei meist um Virusinfektionen, die durch die Atemluft oder von Mensch zu Mensch übertragen werden. Die Erkrankungen treten überwiegend in der kalten Jahreszeit auf. In dieser Zeit ist die Ansteckungsgefahr höher, weil die Schleimhäute der Atemwege aufgrund der Kälte und der meist zu trockenen Raumluft anfälliger für Viren sind.

Gerade für Risikogruppen – ältere Personen oder Menschen, bei denen das Immunsystem geschwächt ist – empfiehlt die Schulmedizin eine Schutzimpfung gegen Grippe.

Symptome

Die Zeit zwischen der Infektion und dem Ausbruch einer Erkältungskrankheit beträgt nur wenige Tage. Typische Beschwerden sind Schnupfen, Glieder- und Kopfschmerzen, leichtes Fieber, Frösteln, Appetitlosigkeit, geschwollene Schleimhäute, Schluckbeschwerden und Heiserkeit. Im späteren Verlauf der Erkrankung kann ein leichter Husten hinzukommen. Diese Symptome werden von Medizinern meist als grippaler Infekt bezeichnet.

Vorsicht bei richtiger Grippe

Der grippale Infekt unterscheidet sich stark von einer echten Grippe (Influenza). Sie beginnt meist schlagartig und geht mit hohem Fieber und Schüttelfrost einher. Eine Schutzimpfung ist für bestimmte Risikogruppen unbedingt empfehlenswert. Ganz sicher ist ihre Wirkung allerdings nicht, da sie nur eine begrenzte Anzahl bereits bekannter Viren bekämpft. Deshalb ziehen Homöopathen eine Stärkung des Immunsystems vor.

Holunderblütentee – altbewährtes Hausmittel

Dank seiner schweißtreibenden Glykoside, seines hohen Vitamin-C-Gehalts und seiner positiven Wirkung auf den Bronchialbereich unterstützt der Holunder den Heilungsprozess bei allen Erkältungskrankheiten. In seiner Darreichungsform als Blütentee ist er dabei am bekanntesten. Er wird bei grippalen Infekten, Schnupfen, Bronchitis, Husten und unterstützend sogar bei einer Lungenentzündung angewendet. Auch zur allgemeinen Stärkung des Immunsystems kommt der Tee aus den Blüten des Holunders zum Einsatz und hilft, Erkältungskrankheiten vorzubeugen.

Anwendung: Übergießen Sie 2 gehäufte Teelöffel getrocknete Holunderblüten mit 1/4 Liter kochendem Wasser, und lassen Sie den Tee 8 bis 10 Minuten lang zugedeckt ziehen. Den Tee abseihen, eventuell mit ein wenig Honig süßen und möglichst heiß trinken. Mindestens 5 bis 6 Tassen Holunderblütentee über den Tag verteilt einnehmen.

Schwitztee – der Geheimtipp bei Erkältungen

Eine moderne Volksweisheit besagt: Eine Erkältung dauert bei der Einnahme von Medikamenten etwa zwei Wochen, ohne deren Einnahme etwa vierzehn Tage. Wenn man die Beipackzettel der vier bis fünf Medikamente durchliest, die in so einem Fall gewöhnlich verschrieben werden, entschließt man sich dann meist doch, den grippalen Infekt ohne Medikamente mit schädlichen Nebenwirkungen durchzustehen. Denn wer riskiert schon gerne eine Nierenschädigung, oder wer will sich noch zusätzlich mit Schwindelgefühlen und Brechreiz herumschlagen. Es empfiehlt sich deshalb eher eine Schwitzkur mit Holunderblütentee.

Schwitzen ist lebensnotwendig. Über das Schwitzen reguliert der Körper seine Temperatur und reinigt sich. Wenn ein Mensch nicht schwitzen kann, hat dies meist gesundheitliche Probleme zur Folge.

Schwitzkur mit Holunderblütentee

Die Schwitzkur mit einem Tee aus Holunderblüten schädigt weder Magen noch Nieren und zeitigt oft überraschende Erfolge. Eine Schwitzkur empfiehlt sich vor allem dann, wenn sich der grippale Infekt im Anfangsstadium befindet. Wer unter Herz-Kreislauf-Problemen leidet, sollte vor der Anwendung – wegen der kreislaufbelastenden Wirkung – mit dem Arzt sprechen.

Anwendung: Trinken Sie 1 Tasse Holunderblütentee möglichst heiß. Anschließend nehmen Sie 10 Minuten lang ein heißes Vollbad. Legen Sie sich danach, feucht in angewärmte Laken und eine warme Wolldecke eingehüllt, ins Bett. Kurze Zeit später kommt es in der Regel zu einem heftigen Schweißausbruch. Bleiben Sie ruhig und entspannt liegen, und schwitzen Sie mindestens 1 Stunde lang. Danach reiben Sie sich gut trocken und gehen am besten schlafen.

Auch ein Glas heißer Holundersaft fördert das Schwitzen: Den Holundersaft erhitzen, aber nicht kochen, und den Saft von 1/2 Zitrone sowie 1 Teelöffel Honig unterrühren.

Mit Dampf kurieren

Im frühen Erkältungsstadium hilft oft ein Dampfbad. Hierbei kann der Holunder die heilkräftigen ätherischen Öle der Universalheilpflanze Kamille sinnvoll unterstützen.

Anwendung: Geben Sie jeweils 1 Hand voll Holunder- und Kamillenblüten in eine große Schüssel mit heißem Wasser, und lassen Sie die Kräutermischung 5 Minuten ziehen. Beugen Sie sich mit dem Gesicht über die Schüssel, und bedecken Sie zugleich Kopf, Schultern und Schüsselrand mit einem Handtuch, damit kein Dampf entweichen kann. Dann atmen Sie 5 bis 10 Minuten lang tief ein und aus. Legen Sie sich nach der Anwendung warm zugedeckt ins Bett, und schwitzen Sie noch etwas nach.

Der Nutzen des Schwitzens

● Auch wenn das Schwitzen manchmal lästig ist – es ist ein durchaus natürlicher und vor allem lebensnotwendiger Vorgang, denn durch das Schwitzen reguliert der Körper seine Temperatur. Wenn er sich bei intensiver körperlicher Betätigung (z. B. beim Sport) stark erhitzt, muss er diese Überhitzung nach außen abgeben können. Kann er das aus irgendeinem Grund nicht, hat dies negative gesundheitliche Folgen.

● Aber nicht nur wegen des Temperaturausgleichs ist das Schwitzen gesund. Es werden nämlich auf diesem Weg Giftstoffe aus dem Körper ausgeschieden, weshalb das Schwitzen insbesondere zur Bekämpfung von Infektionskrankheiten beiträgt.

● Wer viel schwitzt, sollte schweißfördernde Genussmittel wie Kaffee, Tee und Alkohol nur in geringen Mengen trinken oder ganz meiden. Regelmäßig eine Tasse Salbeitee hingegen kann die Schweißproduktion dauerhaft hemmen.

● Wieso manche Menschen mehr schwitzen als andere, ist nicht bekannt, man vermutet jedoch, dass hier eine erbliche Veranlagung besteht. Übermäßiges Schwitzen kann durch emotionale und psychische Anspannungen, Fieber, eine Überfunktion der Schilddrüse, Hormonstörungen (Wechseljahre, Pubertät) oder das Einnehmen bestimmter Medikamente verursacht werden, aber auch durch Übergewicht und Stress.

● Der unangenehme Geruch entsteht durch das Zusammenspiel von Schweiß und Bakterien, die in feuchten und warmen Körperbereichen bestens gedeihen. Wer jeden Morgen Wasser und Seife gebraucht und regelmäßig die Kleidung wechselt, beugt dem Körpergeruch wirksam vor.

In den USA gibt es inzwischen eine elektronische Methode, gegen den Körpergeruch vorzugehen. Mit einem speziellen Gerät werden die Schweißdrüsen unter den Achseln verschlossen. Die Wirkung hält etwa sechs Wochen lang an.

Fieber

Fieber ist nur ein Symptom und keine Krankheit. Wenn ein Mensch Fieber hat, dann deutet dies darauf hin, dass sein Körper gegen eine Infektion ankämpft. Die normale Körpertemperatur eines Menschen beträgt 36,5 bis 37,5 °C. Klettert die Temperatur auf über 38 °C, spricht man von Fieber. Fieber ist meist ein positives Zeichen dafür, dass die körperlichen Abwehrkräfte funktionieren. Der Organismus ist damit beschäftigt, sich selbst zu heilen, denn viele Viren und Bakterien können sich bei den erhöhten Temperaturen nicht mehr vermehren. Erst wenn das Fieber auf über 41 °C ansteigt, wird es lebensbedrohlich.

Kinder bekommen sehr oft Fieber, das auch leicht auf 40 °C ansteigen kann. Je älter ein Mensch wird, desto seltener wird er hohes Fieber haben. Ältere Personen bekommen unter Umständen gar kein Fieber mehr, weshalb sich eine einfache Erkältungskrankheit leicht zu einer Lungenentzündung ausweiten kann.

*Gerade für Kinder
ist der so genannte
Schwitztee ideal.*

Fiebertee mit Holunder

Eine Fieberteemischung stärkt das Immunsystem und fördert das Schwitzen. Dadurch wird eine vermehrte Ausscheidung von Giftstoffen angeregt und die Bekämpfung der Krankheitserreger durch die körpereigenen Abwehrkräfte unterstützt.

Zutaten: *30 g Holunderblüten • 30 g Sonnenhutwurzeln (Echinacea) • 20 g Fieberklee • 20 g Spierstaudenblüten*

Anwendung: Geben Sie von dieser Mischung 2 Teelöffel in 1/4 Liter kochendes Wasser. Nachdem der Tee 2 bis 3 Minuten leicht gekocht hat, nehmen Sie ihn vom Herd. Anschließend 5 Minuten ziehen lassen, abseihen und möglichst heiß in kleinen Schlucken trinken.

Wadenwickel senken hohes Fieber

Eines der ältesten und beliebtesten Hausmittel sind gerade bei fieberhaften Erkrankungen die Wadenwickel. Sie regen die Durchblutung der Haut und die Tätigkeit der Lymphgefäße an, dadurch lässt sich die Körpertemperatur etwas senken. Sinnvoll sind Wadenwickel jedoch nur, wenn die Temperatur bereits auf über 40 °C angestiegen ist.

Anwendung: Tauchen Sie ein etwa 30 mal 30 Zentimeter großes, sauberes Leinentuch in nicht zu kaltes Wasser, wringen Sie es aus, und wickeln Sie es eng, aber nicht zur straff um die Wade. Darüber wickeln Sie ein etwas größeres trockenes Baumwolltuch und abschließend ein Wolltuch. An der Wade des anderen Beins gehen Sie genauso vor. Sobald sich die Wickel auf Körpertemperatur erwärmt haben (nach etwa 5 Minuten), müssen sie ausgewechselt werden. Die Wickel sollten etwa 3-mal erneuert werden.

Das Auswechseln der kalten Wadenwickel sollte möglichst schnell erfolgen. Anschließend sollte sich der Patient sofort wieder gut zudecken.

Halsschmerzen und Husten

Halsschmerzen, Heiserkeit oder Husten treten oft als Begleitsymptome von Erkältungskrankheiten und anderen Entzündungen der oberen Atemwege, der Mundschleimhaut und des Rachenraums auf. Soweit es sich um unkomplizierte Halsbeschwerden etwa infolge eines grippalen Infekts handelt, die mit Husten, Heiserkeit und leichten Schluckbeschwerden einhergehen, können diese auch mit verschiedenen Anwendungen der Phytotherapie gelindert werden.

Wer für eine regelmäßige Zufuhr von Vitamin C sorgt, z. B. durch eine ausgewogene Ernährung mit viel Obst und Gemüse, hat gute Chancen, die kalte Jahreszeit ohne grippale Infekte zu überstehen.

Bei starken Beschwerden zum Arzt

Auch eine akute eitrige Mandelentzündung und andere schwere Infektionskrankheiten mit hohem Fieber können mögliche Ursachen von – in der Regel starken – Halsschmerzen und Schluckbeschwerden sein. In diesen Fällen sollten Sie unbedingt einen Arzt aufsuchen, weil es dabei zu schweren Komplikationen und ernsthaften Folgeerkrankungen kommen kann.

Holunder-Honig-Sirup

Ein eingekochter Sirup aus Honig und Holundersaft ist ein ausgezeichnetes Mittel bei Husten, Heiserkeit und leichten Halsschmerzen.

Anwendung: Sie benötigen zur Zubereitung 2 Teile Muttersaft vom Holunder und 3 Teile Honig. Der Saft wird zusammen mit dem Honig bei geringer Hitze zu einer dicklichen Masse eingekocht. Anschließend füllen Sie den Sirup in eine dunkle Flasche mit Schraubverschluss ab. Bei Husten und Heiserkeit lassen Sie alle 2 bis 3 Stunden 1 Teelöffel davon langsam im Mund zergehen. Angebrochene Flaschen sollten im Kühlschrank aufbewahrt werden.

Holunder zum Gurgeln

Bei allen entzündlichen Symptomen im Mundbereich ist das Gurgeln oder eine Mundspülung mit Holunderblütentee sinnvoll. Dabei können sich die heilenden Wirkstoffe des Tees voll entfalten, Schmerzen werden gelindert und die Entzündung gehemmt.

Anwendung: Überbrühen Sie 1 Esslöffel Holunderblüten mit 1/4 Liter heißem Wasser. Lassen Sie den Tee 8 bis 10 Minuten ziehen, und seihen Sie ihn ab. Wenn er abgekühlt ist, gurgeln Sie damit mehrmals hintereinander den Mund- und Rachenbereich. Diese Art von Anwendung können Sie mehrmals täglich durchführen. Auch bei Mandel- und Rachenentzündungen kann der Holunder unterstützend eingesetzt werden.

Zwiebelwickel – ein altbewährtes Hausmittel

Seit Jahrhunderten gilt der Zwiebelwickel als wirksames Hausmittel bei leichten Erkältungskrankheiten. Vor allem in der Frühphase eines grippalen Infekts kann er wahre Wunder bewirken. Insbesondere bei Halsschmerzen hat sich der Zwiebelwickel in der Praxis bestens bewährt. Er wirkt entzündungshemmend und desinfizierend, lindert Schmerzen und zieht Giftstoffe aus dem Körper.

Anwendung: Hacken Sie 2 Zwiebeln klein, geben Sie die Zwiebelwürfel in ein Baumwollsäckchen, oder wickeln Sie sie einfach in ein dünnes Tuch ein. Legen Sie das Säckchen oder das Tuch auf den Hals, und wickeln Sie ein Wolltuch darüber. Am wirkungsvollsten ist die Anwendung, wenn der Wickel über Nacht angelegt bleibt. Es besteht auch die Möglichkeit, einfach 2 Zwiebeln in Scheiben zu schneiden und in einem Schälchen neben das Bett zu stellen.

Das Anlegen eines Zwiebelwickels empfiehlt sich auch bei Husten, Ohrenschmerzen, Mittelohrentzündung und Mandelentzündung.

Verschiedene Teemischungen

Gerade bei einer entstehenden Erkältungskrankheit oder zur Vorbeugung wirken verschiedene Teemischungen mit Holunder. Sie schmecken nicht nur angenehm, sondern sie fördern auch das Ausschwitzen von Giftstoffen aus dem Körper und wirken je nach Zusammenstellung auch hustenlindernd.

▶ **Heilteerezept 1**

25 g Holunderblüten • 25 g Lindenblüten • 20 g Weidenrinde • 20 Hagebutten mit Kernen • 10 g fein geschnittene Pomeranzenschalen

Es ist bei einer aufziehenden Erkältungskrankheit empfehlenswert, Heiltees mit Vitamin-C-haltigen Fruchtsäften zu kombinieren – z. B. mit einem frisch gepressten Orangensaft.

Anwendung: Überbrühen Sie 2 Teelöffel dieser Teemischung mit 1/4 Liter kochendem Wasser. Lassen Sie den Tee 10 Minuten lang ziehen, und seihen Sie ihn ab. Trinken Sie ihn möglichst heiß und ungesüßt in kleinen Schlucken, im Erkältungsfall täglich mindestens 4 bis 5 Tassen.

▶ **Heilteerezept 2**

10 g Holunderblüten • 10 g Kamillenblüten • 10 g Hopfenblüten • 10 Hagebutten mit Kernen • 10 g Huflattichblätter • 10 g Malvenblüten

Anwendung: Übergießen Sie 2 Teelöffel der Mischung mit 1/4 Liter kochendem Wasser. Lassen Sie den Tee etwa 10 Minuten lang ziehen, und seihen Sie ihn ab. Trinken Sie am besten vor dem Schlafen 1 bis 2 Tassen in kleinen Schlucken und ungesüßt, er wirkt beruhigend.

▶ **Heilteerezept 3**

10 g Holunderblüten • 5 g Fenchelfrüchte • 10 Hagebutten mit Kernen • 10 g Lindenblüten • 10 g Hibiskusblüten

Anwendung: Überbrühen Sie 2 bis 3 Teelöffel dieser Mischung mit 1/4 Liter kochendem Wasser. Lassen Sie den Tee etwa 15 Minuten lang ziehen, und seihen Sie ihn ab.

Trinken Sie 4 bis 5 Tassen über den Tag verteilt. Diese Teemischung besticht nicht nur durch ihre wunderschöne Farbe, sondern sie hat auch einen sehr hohen Gehalt an Vitamin C und ist genau der richtige Vitaminschub, den Sie zum Schutz gegen eine sich anbahnende Erkältung dringend benötigen.

▶ **Heilteerezept 4**

10 g Holunderblüten • 25 g Lindenblüten • 20 Hagebutten mit Kernen • 15 g Brombeerblätter • 15 g Fenchelfrüchte

Anwendung: Überbrühen Sie 2 Teelöffel dieser Heilpflanzen mit 1/4 Liter kochendem Wasser. Lassen Sie den Tee etwa 15 Minuten lang ziehen, und seihen Sie ihn ab. Trinken Sie davon über den Tag verteilt mindestens 4 bis 5 Tassen. Je nach Geschmack können Sie diese Teemischung mit angewärmtem Holundersaft, Sanddornsaft oder frisch gepresstem Zitronensaft variieren, das erhöht den Vitamin-C-Gehalt.

Vorsicht! Wenn nach etwa einer Woche Selbstbehandlung mit Holunder keine sichtbare Besserung eintritt, sollten Sie sich unbedingt ärztlich untersuchen lassen.

Medizin kann durchaus schmackhaft sein: Teemischungen mit Holunder und Hagebutten wirken schweißtreibend und liefern Vitamin C.

Hämorrhoidalleiden

Über diese häufig auftretenden Beschwerden wird nur ungern gesprochen, obwohl sie oft eine sehr schmerzhafte Angelegenheit sind. Bei Hämorrhoidalleiden handelt es sich um die Folgen einer Erweiterung des Gefäßpolsters in der Analschleimhaut.

Symptome

Bei einer geringen Ausprägung verursachen die Hämorrhoiden meist noch keine Beschwerden, so dass sich die betroffenen Personen ihrer Erkrankung gar nicht bewusst sind. Die typischen Beschwerdeformen wie Afterjucken, Stuhlverstopfung und Blut im Stuhlgang stellen sich erst in einem fortgeschrittenen Stadium der Erkrankung ein.

Lassen Sie sich bei Symptomen wie Blut im Stuhl, die auf Hämorrhoiden hindeuten, unbedingt ärztlich untersuchen, um andere Erkrankungen auszuschließen.

Ursachen

Hervorgerufen werden die Beschwerden im Afterbereich meist durch eine anlagebedingte Schwäche der Blutaderwände. Zudem tragen chronische Verstopfung, langes Sitzen und Übergewicht zur Bildung der charakteristischen Erweiterungen des Gefäßpolsters bei. Vorbeugen kann man deshalb am besten durch eine fettarme und ballaststoffreiche Ernährung, viel Bewegung und Sport.

Die medizinische Diagnose ist wichtig

Lassen Sie sich bei Beschwerden im Afterbereich vom Arzt untersuchen, um den Ursachen auf den Grund zu gehen und um mögliche ernsthaftere Erkrankungen auszuschließen. Durch Anwendungen mit Holunder können Sie die eingeleiteten ärztlichen Maßnahmen sinnvoll unterstützen und ergänzen.

Einlauf mit Holunderblütentee

Bei Hämorrhoidalbeschwerden kann ein Einlauf mit einem klassischen Holunderblütentee sinnvoll sein. Man kann den Tee auch zur Hälfte mit Kamillenblüten mischen. Am besten machen Sie den Einlauf beim ersten Mal mit Hilfe einer medizinisch ausgebildeten Person. Das notwendige Einlaufgerät (Irrigator) erhalten Sie in jeder Apotheke.

▶ Übergießen Sie 6 Teelöffel Holunderblüten mit 1 Liter kochendem Wasser. Lassen Sie den Tee 8 bis 10 Minuten ziehen, seihen Sie ihn ab, und lassen Sie ihn auf etwa 30 bis 35 °C abkühlen. Die Temperatur der Flüssigkeit sollte unter der Körpertemperatur liegen.

▶ Füllen Sie den Irrigator mit dem warmen Holunderblütentee.

▶ Hängen Sie den Irrigator über dem Bett oder der Behandlungsliege an einem Ständer bzw. an einem Wandhaken auf. Der Schlauch sollte zuvor abgeklemmt werden, damit keine Flüssigkeit austreten kann.

▶ Die Schlauchspitze sollten Sie mit etwas Fettcreme einreiben, damit Sie sie leichter einführen können.

▶ Lassen Sie nun den warmen Tee in den Schlauch einlaufen, bis er ganz gefüllt ist. Sonst besteht die Gefahr, dass Luft in den Darm gelangen könnte.

▶ Führen Sie dann die Schlauchspitze in Seitenlage mit angezogenen Knien vorsichtig in den After ein. Lösen Sie die Klemme vom Schlauch, damit die Flüssigkeit langsam einlaufen kann.

▶ Wenn sich der Einlauf im Darm befindet, drehen Sie sich zunächst auf die entgegengesetzte Seite, dann auf den Rücken und schließlich wieder auf die andere Seite. Sie führen gewissermaßen eine Rollkur durch, damit der Darm besser von der Flüssigkeit durchspült wird.

Nach dem Einlauf werden Sie in der Regel sehr bald den Drang verspüren, den Darm wieder zu entleeren. Versuchen Sie trotzdem, die Flüssigkeit so lange wie möglich im Darm zu behalten, damit sie möglichst lange einwirken kann.

Ischiasbeschwerden

Ischiasbeschwerden haben in den letzten Jahrzehnten deutlich zugenommen. Der Grund dafür ist der starke Anstieg von rein sitzenden Tätigkeiten im Berufsleben. Der Ischiasschmerz ist ein akuter, bohrender oder stechender Nervenschmerz, der vom Rücken über das Gesäß bis zum Fuß ausstrahlen kann. Dabei können Taubheitsgefühle, Reflexausfälle und in seltenen Fällen auch Lähmungserscheinungen auftreten.

Am häufigsten tritt ein Bandscheibenvorfall an den beiden untersten Bandscheiben der Lendenwirbelsäule auf. Wesentlich seltener kommt er im Bereich der unteren Brustwirbelsäule vor.

Ursachen

Die Ursache der Beschwerden besteht in einer Nervenreizung, der meist ein Bandscheibenvorfall im unteren Lendenwirbelbereich zugrunde liegt. Altersbedingt und aufgrund von langjährigen Fehlhaltungen wird das weiche Gewebe des Bandscheibenkerns nach außen gepresst und drückt dabei auf die empfindlichen Nervenwurzeln, die durch das Rückgrat verlaufen. Bei einem Verdacht auf Bandscheibenvorfall sollten Sie sofort zum Arzt gehen, der mit modernen medizinischen Verfahren (Computertomografie) schnell eine sichere Diagnose erstellen kann.

Vorbeugung

Die beste Vorbeugung gegen Ischiasbeschwerden sind ausreichend Bewegung und regelmäßige Rückengymnastik. Wichtig ist auch eine rückenschonende Sitzhaltung auf guten Sitzmöbeln. Durch Anwendungen mit Holunder können die akuten Schmerzen gelindert und die damit zusammenhängenden Verkrampfungen der Muskulatur etwas gelockert werden. Wirksam sind auch unterstützende Wärmeanwendungen wie warme Vollbäder und Rückenmassagen.

Holunderkuren

Inzwischen ist medizinisch erwiesen, dass Vitamin B1 bei allen neuralgischen Schmerzen sehr günstige Auswirkungen besitzt. Der Holunder kann deswegen auch bei Ischiasschmerzen Linderung bringen. Da Holunderbeeren einen besonders hohen Anteil von Vitaminen der B-Gruppe besitzen, sind sie ideal für eine Kur.

Holundersaftkur: Trinken Sie 14 Tage lang 2-mal täglich 1 Glas Holundersaft, zum Frühstück und Abendessen.

Holunderbeerenkur: 15 bis 20 Gramm frische, reife (!) Beeren mit der Gabel in einer Tasse zerdrücken und das ungekochte Mus mit 15 Gramm Portwein vermischen. Diese Mischung über 14 Tage 2-mal täglich einnehmen. Vorsicht: keinesfalls bei Kindern oder alten Menschen anwenden, da frische Beeren unter Umständen Durchfall verursachen können!

Wenn Sie an Ischiasbeschwerden leiden, sollten Sie möglichst nur rückenfreundliche Sportarten ausüben. Der beste Sport für den Rücken ist Schwimmen.

Beugen Sie Bandscheibenproblemen vor: Mit einem Gymnastikball können Sie spielerisch und doch effektiv trainieren.

Müdigkeit und Erschöpfung

Nach einer Phase körperlicher und seelischer Anstrengung signalisiert Müdigkeit ein ganz normales Bedürfnis von Körper und Geist nach Ruhe und Entspannung. Der Organismus muss sich samt seinen Sinnesorganen von den Reizen des Tages regenerieren und neue Energie auftanken. Das funktioniert am besten im Schlaf. Wenn jemand jedoch ständig grundlos müde ist, zu nichts richtig Lust hat und gar nicht mehr aufstehen möchte, obwohl er ausreichend geschlafen hat, besteht ein gesundheitliches Problem.

Falls Sie sich oft müde, erschöpft und abgespannt fühlen, sollten Sie sich zur Vorsorge einmal gründlich untersuchen lassen. Schon ab dem 35. Lebensjahr übernimmt in der Regel Ihre Krankenkasse die Kosten für einen so genannten Gesundheits-Check-up.

Müdigkeit und Erholung

Das Hormon Melatonin ist für den Schlaf-wach-Rhythmus des Menschen verantwortlich. Es sorgt dafür, dass die innere Uhr richtig tickt – nämlich im 24-Stunden-Rhythmus. Wer den Tag nach diesem Rhythmus gestaltet, nämlich ausreichend schläft, am Morgen rechtzeitig aufsteht und tagsüber genügend Sonnenlicht aufnimmt, der ist auch am Tag fit und hat abends keine Mühe einzuschlafen. Nur nachts wird im Gehirn das Schlafhormon Melatonin produziert.

Chronisches Erschöpfungssyndrom

Eine rätselhafte Krankheit, an der viele Menschen leiden, heißt Chronisches Erschöpfungssyndrom – abgekürzt CFS (engl. chronic fatigue syndrome). Die Betroffenen sind Monate lang müde und völlig erschöpft. Meist kommen Kopf- und Gliederschmerzen sowie erhöhte Temperatur hinzu. Die an CFS erkrankten Menschen sind manchmal sogar nicht mehr in der Lage, ihrem Beruf nachzugehen.

Holunder weckt die Lebensgeister

Bei Müdigkeit und Abgespanntheit sollten Sie zuerst einmal Ihre bisherigen Lebensgewohnheiten überprüfen. Ausreichend Schlaf (mindestens sechs Stunden täglich) und mehr Bewegung (zweimal in der Woche Sport) bringen meist schon eine grundlegende Besserung. Unterstützend wirken dabei die Vitamine der B-Gruppe, die im Holunder in großer Menge enthalten sind.

Anwendung: Geben Sie jeden Morgen etwas Holundersaft in das Frühstücksmüsli. Übrigens regt auch ein Sektsaft kurzzeitig den Kreislauf an. Dazu nehmen Sie 1/2 Glas Holundersaft und gießen ihn mit Holundersekt oder normalem Sekt auf. Dieser Powerdrink bringt Ihren Kreislauf sicher rasch in Schwung, allerdings hält die Wirkung nicht sehr lange an.

Wieder fit mit Kneipp

Kneippsche Wasseranwendungen wie Wechselduschen, Güsse oder Bäder regen den müden Kreislauf an und haben keine Nebenwirkungen. Bei regelmäßiger Anwendung lassen sich dauerhafte Erfolge erzielen.

Wechselfußbäder: Füllen Sie zwei Fußwannen oder Plastikeimer mit Wasser, eine mit warmem (etwa 38 °C), die andere mit kaltem Wasser (etwa 15 °C). Die Füße zuerst 5 Minuten in die warme Wanne hängen, anschließend kurz (10 bis 15 Sekunden) in die kalte. Dieser Vorgang sollte mindestens 1-mal wiederholt werden. Das Fußbad wird warm begonnen und kalt beendet.

Wechselduschen: Morgens zuerst 2 Minuten lang warm duschen, anschließend 1/2 Minute lang kalt. In den nächsten 2 Minuten wieder warm. Diesen Vorgang 2- bis 3-mal wiederholen, um am Ende unter dem kalten Wasserstrahl endgültig wach zu werden.

Gehen Sie bei der Kaltwasserphase der Wechselduschen kreislaufschonend vor: Duschen Sie jeweils zuerst die Außen- und dann die Innenseite des rechten und des linken Beins sowie des rechten und des linken Arms. Abschließend brausen Sie Bauch, Brust und Rücken kurz ab.

Saunieren regt den Kreislauf an

Gerade bei Müdigkeit und Abgespanntheit ist ein regelmäßiger Gang in die Sauna oder ins Dampfbad empfehlenswert. Regelmäßige Saunabesuche regen nicht nur den Kreislauf an, sondern stärken auch die Immunabwehr des Körpers und schwemmen Giftstoffe aus.

Tipps für die Sauna

Eine Alternative zur Sauna ist das römische Dampfbad. Bei diesem sind die Temperaturen zwar niedriger, die Luftfeuchtigkeit ist jedoch wesentlich höher.

● Bleiben Sie nicht zu lange in der Saunakabine. Am Anfang genügen 5 bis 8 Minuten. In der Sauna sollten Sie es sich gut gehen lassen und sich seelisch sowie körperlich entspannen. Sie ist kein geeigneter Ort, um schwierige Gespräche zu führen.

● Nachdem Sie in der heißen Saunakabine geschwitzt haben, kühlen Sie zuerst an der frischen Luft die Atemwege ab, duschen dann kalt und nehmen abschließend ein Bad im eiskalten Wasser – jedoch nur wenige Sekunden lang.

● Sehr wichtig ist, dass Sie sich nach diesem Kälteschock hinlegen und ausruhen – und zwar mindestens 20 Minuten lang. Sie sollten auch mindestens 30 Minuten Pause zwischen den jeweiligen Saunagängen einlegen.

● Gleichen Sie den Flüssigkeitsverlust nach dem Saunabesuch mit entsprechend viel Mineralwasser oder Fruchtsäften aus. Sie können auch Obst essen. Was absolut tabu sein sollte: Bier oder andere alkoholische Getränke während oder nach dem Saunabesuch zu trinken. Sie gefährden sonst Ihre Gesundheit!

● Führen Sie pro Saunabesuch insgesamt höchstens 3 Saunagänge durch. Mehr Saunagänge sollten Sie sich nur zumuten, wenn Sie schon längere Zeit Saunieren und Ihre körperliche Leistungsfähigkeit besser einschätzen können.

Nebenhöhlenentzündung

Eine Entzündung der Nasennebenhöhlen ist oft lang-
wierig und unangenehm. Sie ist eine typische Folgeer-
scheinung von Erkältungskrankheiten. Meist entsteht
sie aus einem akuten Schnupfen im Rahmen eines grippalen Infekts. Bei einer Entzündung der Nasennebenhöhlen sind die pneumatischen Räume der Schädelba-
sis und des Gesichtsschädels betroffen.

Symptome

Die Erkrankung beginnt meist mit einem starken, an-
haltenden Schnupfen. Im späteren Verlauf kommen
Kopfschmerzen und ein Druckgefühl im Kopf hinzu.
Außerdem können noch leichte Ohrenschmerzen,
Zahnschmerzen im Oberkieferbereich, leichtes Fieber
und starke Müdigkeit auftreten. Breitet sich die Entzündung weiter aus, kann es zu eitriger Schleimabson-
derung aus der Nase kommen.

Ursachen

Die Entzündung entwickelt sich im Regelfall aus einem
normalen Schnupfen, wenn dieser nicht ausreichend behandelt wurde. Weitere Gründe für die Entzündung der
Nasennebenhöhlen liegen im psychischen Bereich, denn
seelische Belastungen schwächen oft unmittelbar die
körperlichen Abwehrkräfte. Gerade die Nasennebenhöhlen reagieren sehr sensibel auf depressive Verstim-
mungen, Ängste oder aufgestaute Aggressionen. Wenn
Überbelastungen im seelischen Bereich bestehen,
haben Bakterien und Viren meist ein leichtes Spiel. Entzündungen der Nasennebenhöhlen können jedoch auch
durch Polypen oder eine Fehlstellung der Nasenschei-
dewand hervorgerufen werden.

Bei einer Nasenneben-höhlen-entzündung müssen Sie selbstverständ-lich Ihren Arzt oder Heilprakti-ker aufsuchen. Vermutlich wird er Ihnen als begleitende Maßnahme Inhalationen vorschlagen.

Inhalationen mit Holunder

Weil Holunder entzündungshemmend und schmerzlindernd wirkt, ist eine Inhalation mit Holunderblüten eine sanfte Alternative zu Antibiotika und Schmerzmitteln. Dies sollten Sie jedoch mit Ihrem Arzt absprechen.

Anwendung: Übergießen Sie 2 Hand voll Holunderblüten in einer großen Schüssel mit heißem Wasser. Lassen Sie den Aufguss etwa 5 Minuten lang ziehen. Dann beugen Sie sich mit dem Gesicht über die Schüssel und legen ein Handtuch so über Kopf, Schultern und Schüsselrand, dass kein Dampf entweichen kann. Jetzt atmen Sie 5 bis 10 Minuten lang tief ein und aus.

Selbstverständlich können Sie auch mit einem Inhaliergerät inhalieren. Die Geräte sind einfacher zu handhaben als das traditionelle Kopfdampfbad.

Die Atmung ist wichtig

Beim Inhalieren sollte vor allem auf das Ausatmen geachtet werden. Entscheidend ist, dass man kräftig ausatmet. Eine oberflächliche Atmung ist nicht sehr wirksam. Außerdem sollte man sich stärker als sonst auf die oft vernachlässigte Bauchatmung konzentrieren.

Bei Husten wohltuend und angenehm: Holunderblüteninhalationen.

Nervosität

Nervosität ist heutzutage eine typische Zeiterscheinung. Hektik und Stress prägen das Leben von immer mehr Menschen, sowohl im Beruf als auch in der Freizeit. Wenn die Reizüberflutung zu groß ist und die Erholungsphasen zu kurz sind, bleiben Nerven und Muskeln in ständiger Anspannung.

Symptome

Nervosität kann sich durch viele Symptome äußern. Ein nervöser Mensch ist in der Regel übererregbar und sehr leicht zu reizen. Außerdem kann es zu folgenden Beschwerden kommen: rote Flecken im Gesicht, plötzliche Schweißausbrüche, Herzbeklemmung und Herzjagen, Beschwerden im Magen-Darm-Bereich, Kopfschmerzen, Ohrensausen, Schlafstörungen, zittrige Hände und zuckende Augenlider. Auch wenn Herz und Kreislauf verrückt spielen, sind oft Stress und Sorgen schuld. Falls eines oder mehrere dieser Symptome längerfristig auftreten, sollte man sich unbedingt medizinisch untersuchen lassen. Denn im Extremfall kann Nervosität zu gefährlichen Folgeerkrankungen wie Magen- oder Zwölffingerdarmgeschwüren führen.

Vor einem Vorstellungsgespräch oder einem wichtigen Termin nervös zu sein, ist völlig normal. Erst wenn sich im Alltag die nervösen Symptome häufen, sollte man hellhörig werden.

Mit Holunder gegen nervöse Symptome

Aufgrund des hohen Gehalts an Vitamin B1 kann Holundersaft oder Holunderblütentee bei nervösen Beschwerden hilfreich sein.

Holundersaftkur: Trinken Sie 1 Monat lang 2-mal täglich 1/2 Glas Muttersaft vom Holunder. Der Saft sollte in dieser Anwendung immer ungesüßt und unverdünnt sein. Anschließend können Sie jedoch 1 Glas Mineralwasser trinken.

Mal richtig entspannen

● Stellen Sie einen gesunden Wechsel zwischen Anspannung und Entspannung her, d. h., gönnen Sie sich
ausreichend Schlaf und ausreichend viele und lange
Erholungsphasen.

● Gestalten Sie Ihre Freizeit möglichst genussvoll, und
nehmen Sie sich nicht zu viele Dinge vor.

● Bauen Sie gezielt Stress ab! Überlegen Sie, wer oder
was Sie stresst, und versuchen Sie, dies durch Gespräche oder eine Umstellung Ihrer Lebensgewohnheiten zu ändern.

● Entspannungstechniken wie autogenes Training oder
Yoga sind leicht zu erlernen und bringen bald spürbare
Besserung. Die Übungen erfordern meist nicht viel Zeit
und sind trotzdem wirkungsvoll.

**Kurse mit spezi-
ellen Atem-
übungen kön-
nen an jeder
Volkshoch-
schule oder in
Gesundheits-
zentren belegt
werden. Erkun-
digen Sie sich
am besten vor
Ort.**

Mit Atmen entspannen

Die Atmung hat Auswirkungen auf das vegetative Nervensystem. Richtiges Atmen beruhigt bei körperlicher
Übererregtheit und verbessert die Konzentrationsfähigkeit. Die folgende Atemübung beruhigt und entspannt
den Körper von Kopf bis Fuß.

Atemübung: Atmen Sie die Luft aus der Lunge immer
vollständig aus. Drücken Sie langsam das Zwerchfell
hinunter, und lassen Sie die Luft in die Lunge hinein-
strömen. In dem Augenblick, in dem sich der Bauch
wölbt und die Lunge sich mit Luft gefüllt hat, dehnen Sie
Rippen und Brustkorb – aber nicht mit Gewalt, sondern
mit Gefühl. Füllen Sie die Lunge jetzt nicht mehr mit
Luft, sondern heben Sie die Schlüsselbeinregion an. So
kann der Atem wieder langsam ausströmen. Wenn dies
vollständig geschehen ist, beginnt die Atembewegung
wieder von vorn.

Ohrenschmerzen

Bei Ohrenschmerzen liegt meist eine Ohrenentzündung vor. Hierbei handelt es sich in der Regel um eine infektiöse Erkrankung des Mittelohrs, bei der oft Infekte im Nasen-Rachen-Raum vorausgegangen sind – etwa ein Schnupfen, der nicht richtig auskuriert wurde. Vor allem Kinder erkranken sehr häufig an einer Mittelohrentzündung, weil bei ihnen die Kanäle vom Rachen zum Mittelohr kleiner und enger sind als bei Erwachsenen und leichter verstopfen. Deshalb ist bei Erkältungen das Mittelohr weniger gut belüftet, und Bakterien finden dort einen guten Nährboden.

Besonders bei Kindern hat sich das Anlegen eines Zwiebelwickels (Rezept siehe Seite 51) bewährt, um die Schmerzen zu lindern und die Entzündung zu hemmen.

Symptome

Erste Anzeichen einer Ohrenentzündung bzw. einer Mittelohrentzündung können ein Druckgefühl im Ohr sowie pulsierende Ohrenschmerzen sein. Häufige Begleitsymptome sind Schwerhörigkeit, Ohrgeräusche und in schweren Fällen auch Fieber. Nach zwei bis drei Tagen kommt es zum Ohrenlaufen durch ein Loch im Trommelfell (eitrige Flüssigkeit) und in der Regel zu einem Abklingen der Schmerzen. Bei einer zu späten oder unsachgemäßen Behandlung kann es zu einer chronischen Mittelohrentzündung kommen – als Folge kann dauerhafte Schwerhörigkeit entstehen.

Eine Diagnose ist notwendig

Da die Folgen einer Mittelohrentzündung schwer wiegend sein können, sollten die Ursachen von Ohrenschmerzen immer durch die Diagnose eines Arztes oder Heilpraktikers geklärt werden. Zur Linderung der Schmerzen und Unterstützung der ärztlichen Therapie können jedoch Holunderblüten sehr hilfreich sein.

Holunder bei Ohrenschmerzen

Die einfachen Anwendungen mit Holunder sind nur als unterstützende Maßnahmen geeignet, sie ersetzen auf keinen Fall eine fachkundige Therapie.

Holunderblütentee: Legen Sie sich in Seitenlage hin. Träufeln Sie etwas handwarmen Holunderblütentee direkt ins schmerzende Ohr, und bleiben Sie einige Minuten lang liegen, damit der Tee einwirken kann. Dann halten Sie ein Mulltuch oder einen Waschlappen auf das Ohr und drehen sich auf die andere Seite, so dass der Tee wieder aus dem Ohr herauslaufen kann.

Holunderblütensäckchen: Füllen Sie ein kleines Leinensäckchen mit Holunderblüten. Überbrühen Sie dieses mit kochendem Wasser, drücken Sie es aus, und lassen Sie es etwas abkühlen. Dann legen Sie es möglichst warm auf das schmerzende Ohr und binden es mit einem Tuch oder einem Schal fest.

Bei einem Tinnitus spielen oft psychosomatische Gründe eine Rolle, deshalb können mit Entspannungstechniken und/oder klassisch homöopathischer Behandlung meist recht gute Erfolge erzielt werden.

Was ist ein Tinnitus?

- Bei Ohrenbeschwerden kann es sich auch um einen so genannten Tinnitus handeln. Nach medizinischem Verständnis ist dies keine eigenständige Erkrankung, sondern eine Funktionsstörung des Hörsystems.
- Der Störung können unterschiedliche Ursachen zugrunde liegen, z. B. Explosionstraumata, Hörstürze, Allergien, Diabetes mellitus, Durchblutungsstörungen, aber auch falsch sitzende Zahnprothesen oder extreme Lärmbelastungen.
- Die für Tinnitus typischen Ohrgeräusche hören sich meist an wie ein ständiges dumpfes Summen oder Klingeln. Deswegen wird in diesem Zusammenhang auch von Ohrensausen gesprochen.

Rheumatische Beschwerden

Mit dem zusammenfassenden Begriff »Rheumatismus« werden in der Medizin alle entzündlichen und abnutzungsbedingten Gelenk- und Wirbelsäulenerkrankungen, aber auch chronische Erkrankungen von Muskeln, Bändern und Sehnen (Weichteilrheumatismus), die ähnliche Symptome aufweisen, bezeichnet.

Zu den Erkrankungen des so genannten rheumatischen Formenkreises zählen Beschwerden, deren Ursachen sehr unterschiedlich sein können.

Rheumatoide Arthritis

Der chronische Gelenkrheumatismus (Polyarthritis) ist die am häufigsten auftretende entzündliche rheumatische Erkrankung. Die Ursachen dieser chronischen Gelenkentzündung sind bis heute nicht vollständig geklärt. Die medizinische Forschung geht von einer Störung des Immunsystems aus. Für diese Annahme spricht, dass spezielle Antikörper im Blutkreislauf nachweisbar sind – die so genannten Rheumafaktoren.

Symptome

Typische Symptome im Anfangsstadium dieser rheumatischen Erkrankung sind das morgendliche Steifheitsgefühl in den Finger- und Handgelenken, kalte und feuchte Hände, Appetitlosigkeit sowie Störungen des Allgemeinbefindens. Im späteren Verlauf der Krankheit treten dann schmerzhafte Schwellungen, rheumatoide Knoten und knorpelige Verformungen sowohl an den Finger- und Handgelenken als auch an den Gelenken von Knien, Hüften, Füßen, Ellbogen und Schultern auf. Außerdem kann es zu Funktionsstörungen des Knochenmarks kommen.

Das Wort »Rheumatismus« kommt aus dem Griechischen und kann mit »das Fließen« übersetzt werden. In der Vorstellung der antiken Medizin wurden rheumatische Beschwerden von im Körper fließenden Krankheitsstoffen verursacht.

Arthrose

Von Arthrose sind vor allem Knie- und Hüftgelenke betroffen. Hierbei macht sich zunächst ein Spannungsgefühl oder Knirschen im Gelenk bemerkbar. Es entsteht der Eindruck, dass irgend etwas im Gelenk steckt oder reibt. Im weiteren Verlauf der Krankheit treten Schmerzen und Schwellungen in den betroffenen Gelenken auf. Im Spätstadium einer Arthrose kann es zu Verformungen in den Gelenken mit starken Schmerzen und Bewegungseinschränkungen kommen. Es werden generell zwei Formen von Arthrose unterschieden:

▶ **Primäre Arthrose** ist das Resultat von Alterungsprozessen oder einer Überbeanspruchung der betroffenen Gelenke, beispielsweise durch Übergewicht, Leistungssport oder schwere, einseitige Arbeitsbelastung.

▶ **Sekundäre Arthrose** entsteht aufgrund erblicher Gelenkveränderungen, chronischer Erkrankungen (z. B. Diabetes) oder nach Unfällen.

Bei einem so genannten aktivierten Arthroseschub können sich die Schmerzen bis zur Unerträglichkeit steigern.

Gicht

Der Gichtschmerz tritt meist in akuten Schmerzattacken vor allem im Frühjahr und Herbst auf. Dabei schwillt das betroffene Gelenk bläulich rot an, wird heiß und ist stark berührungsempfindlich. Am häufigsten werden von diesen Schmerzen Fußzehen und Fingergelenke befallen. Später kommt es dann zur Ausbildung so genannter Gichtknötchen unter der Haut. Im Spätstadium können sich erkrankte Gelenke stark verformen. Die Ursache für Gicht ist ein dauerhaft erhöhter Harnsäurespiegel im Blut infolge einer Stoffwechselstörung. Dies kann durch eine familiäre Veranlagung bedingt sein, aber auch durch eine ungesunde Ernährungsweise, Bewegungsmangel und Alkoholsucht.

Auf die Ernährung achten

Bei einer Anfälligkeit für rheumatische Erkrankungen muss die Übersäuerung des Organismus verringert werden, etwa durch Heilfasten. Außerdem ist es sinnvoll, unter fachkundiger Beratung die Ernährung umzustellen: Gichtpatienten beispielsweise sollten Lebensmittel meiden, die viel Purine enthalten, das sind insbesondere fettes Schweinefleisch und fette Wurst. Regelmäßige Entschlackungstage mit entgiftenden Tees aus Kräutern und Heilpflanzen wie z. B. Holunder helfen bei allen rheumatischen Erkrankungen.

Holundertee bei rheumatischen Beschwerden

Holunder unterstützt die Entschlackung und kann somit Gicht, Arthritis und Arthrose vorbeugen. Sind die Gelenke bereits geschädigt, kann eine Holunderkur dies aber nicht mehr rückgängig machen, sondern nur den Krankheitsprozess verlangsamen und Schmerzen lindern. Zubereitet wird der Tee bei Rheumatismus jedoch nur mit der halben Menge der Droge.

Das Wort »Droge« hat im ursprünglichen Sinn nichts mit Rauschmitteln zu tun. Gemeint sind damit lediglich die getrockneten Teile einer Pflanze.

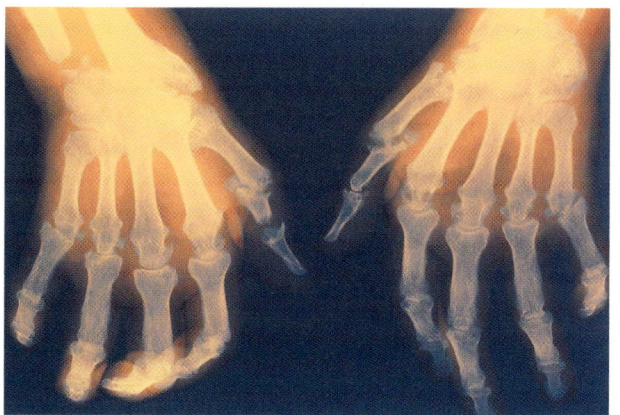

Im Anfangsstadium von rheumatischen Beschwerden sind vor allem die Fingergelenke entzündet. Später greift der Prozess auch auf die großen Gelenke über.

Muskelverspannungen können erste Anzeichen einer rheumatischen Erkrankung sein. Eine Trinkkur mit Holundersaft hilft in diesem Fall, Schadstoffe aus dem Körper zu schwemmen.

Rheumatee: Übergießen Sie 1 gehäuften Teelöffel getrocknete Holunderblüten mit 1 Tasse (150 Milliliter) kochendem Wasser, und lassen Sie ihn 8 bis 10 Minuten lang zugedeckt ziehen. Den Tee nicht zu heiß in kleinen Schlucken trinken. Der Holundertee sollte mindestens 6 bis 8 Wochen lang 3-mal am Tag getrunken werden.

Rheumabad: Auch mit einem Rheumabad aus einer Kräutermischung mit Holunderblüten können Sie eine Linderung der Beschwerden erreichen. Mischen Sie 25 Gramm Holunderblüten, 25 Gramm Heublumen, 10 Gramm Arnikablüten, 25 Gramm Rosmarinblätter und 25 Gramm Fichtennadeln. Davon übergießen Sie 2 Hand voll mit 1 Liter kochendem Wasser und lassen den Aufguss 10 Minuten ziehen. Anschließend wird dieser Sud über ein Sieb dem Badewasser zugegeben. Baden Sie nicht länger als 15 Minuten. Im Anschluss daran sollten Sie sich noch 1 Stunde lang Ruhe gönnen. Vollbäder sollten Sie generell höchstens 2-mal pro Woche anwenden.

Attichtee bei Gicht

Ein altbekanntes Heilmittel bei Gicht ist ein Tee aus der Wurzel des Attichs. Die Wurzel sollte im Frühjahr oder Spätherbst ausgegraben werden. Man säubert sie gründlich, schneidet sie klein und trocknet sie sorgfältig, um späteres Schimmeln zu vermeiden. Den fertigen Attichtee kann man aber auch in fast allen Apotheken oder Reformhäusern kaufen.

Anwendung: 1 gehäuften Teelöffel der getrockneten Wurzelteile zusammen mit 1 Tasse Wasser in einem kleinen Topf erhitzen und kurz aufkochen. Anschließend noch 5 bis 10 Minuten lang ziehen lassen. Von dem Tee sollten Sie höchstens 1-mal täglich 1 Tasse in kleinen Schlucken trinken.

Fasten bei Rheumaerkrankungen

Fasten entschlackt, reinigt den Körper, stärkt das Immunsystem und wirkt der Übersäuerung des Organismus
entgegen. Es eignet sich deshalb ausgezeichnet bei
allen rheumatischen Beschwerden. Beim Fasten sollten
Sie jedoch einige Regeln beachten. Gönnen Sie Ihrem
Körper genügend Ruhe, und gehen Sie während des Fastens keiner anstrengenden Arbeit nach.

● Beginnen Sie das Fasten behutsam, indem Sie schon
einige Zeit vorher auf Genussmittel wie Alkohol, Ziga-
retten und Kaffee verzichten. Essen Sie dann einen Tag
vor der Fastenkur möglichst nur Rohkost. So stimmen
Sie den Organismus auf die Fastentage ein.

● Versuchen Sie, während der Fastenzeit so viele Medikamente wie möglich abzusetzen. Besprechen Sie diese
Maßnahmen jedoch unbedingt mit Ihrem Arzt! Diabetiker und Herzkranke können z. B. nicht auf lebensnot-
wendige Arzneimittel verzichten.

● Trinken Sie während des Fastens viel Kräutertee oder
Mineralwasser.

● Mit ausreichender Flüssigkeitszufuhr sowie Entspan-
nungs- und Atemübungen können Sie den meisten
Überreaktionen vor allem im Darmbereich wirkungsvoll
begegnen.

● Den Übergang vom Fasten auf normale Kost nennt
man Fastenbrechen. Diese Zeit ist ebenso wichtig wie
das Fasten selbst. Kehren Sie nicht sofort nach der Fastenkur zum normalen Speiseplan zurück.

● Essen Sie als erste Mahlzeit nach dem Fasten beispielsweise einen reifen Apfel, den Sie eventuell vorher
kurz dünsten. Im weiteren Tagesverlauf können Sie eine
leichte Gemüsesuppe, etwas Knäckebrot und Joghurt
zu sich nehmen.

**Das Fastenbre-
chen sollte etwa
ein Drittel der
gesamten Fas-
tenzeit betra-
gen. Versuchen
Sie auch, die
während des
Fastens einge-
übten Verhal-
tensweisen in
der Zeit danach
beizubehalten.**

Unreine Haut/Akne

Akne oder unreine Haut gehört zu den am häufigsten auftretenden Hautbeschwerden. Bei den meisten Betroffenen beginnen die Symptome schon im Kindesalter. Ihren Höhepunkt erreichen die Beschwerden in der Regel während der Pubertät, um dann im Erwachsenenalter langsam abzuklingen. Oft besteht Akne jedoch bis ins höhere Lebensalter weiter. Bei vielen der Erkrankten verursachen die Hautprobleme eine starke psychische Belastung.

Bei hartnäckigen und langwierigen Akneproblemen erzielt die klassische Homöopathie in den meisten Fällen nachhaltige Erfolge. Wichtig ist dabei aber, dass Sie sich von einem erfahrenen Homöopathen behandeln lassen.

Ursachen

Eine entscheidende Rolle bei der Entstehung von Akne spielt eine Produktionsstörung in den Talgdrüsen. Dadurch entstehen die so genannten Mitesser (Komedonen). Mit dem Eintritt der Pubertät kommt es aufgrund der hormonellen Umstellung zu einer Steigerung der Talgproduktion. Deshalb verschlimmern sich die Beschwerden in diesem Lebensabschnitt meistens. Die Haut erscheint wegen der weiten Talgdrüsenöffnungen dabei meist fettig und glänzend.

Verschiedene Akneformen

▶ Bei der leichtesten Form von Akne finden sich auf der Haut – im Gesicht, auf Schultern, Brust, Rücken und den Außenseiten der Oberarme – geschlossene und offene Mitesser (Komedonen).

▶ Bei der häufigsten Form von Akne kommen neben Mitessern gerötete Knötchen (Papeln) und Eiterpickel (Pusteln) vor.

▶ Bei der schwersten bekannten Form von Akne entstehen entzündliche Knoten, die im weiteren Verlauf der Erkrankung dann oft zu einer Vernarbung neigen.

Holunder – Balsam für die Haut

Holunder ist nicht nur bei unreiner Haut sehr wirksam, sondern lindert auch das Gefühl von schmerzender Haut und kann sogar Hautflecken verringern. Schon im Mittelalter wurde der Holunder bei verschiedenen Hautproblemen verwendet.

Gesichtskompresse: Überbrühen Sie für die Gesichtskompresse 50 Gramm Holunderblüten mit 1 Liter kochendem Wasser. Den Aufguss nach 15 Minuten durch ein Sieb abfiltern, in eine dunkle Flasche abfüllen und im Kühlschrank aufbewahren. Zum Anlegen einer Kompresse erwärmen Sie 1/4 Liter der Flüssigkeit. Dann tränken Sie die Kompresse mit dem warmen Holunderblütenwasser. Legen Sie die Kompresse möglichst angenehm warm über das ganze Gesicht, und lassen Sie sie 10 Minuten darauf liegen. Danach tupfen Sie mit einem Handtuch das Gesicht vorsichtig ab, denn der Holunder öffnet die Poren, und die Haut kann deshalb leicht gereizt sein.

Gesichtswasser: Übergießen Sie 3 Hand voll frische Holunderblüten (getrocknet nur 1 Hand voll) mit 1/4 Liter kochendem Wasser. Drücken Sie die Blüten mit einer Gabel leicht unter Wasser, so dass alles gut bedeckt ist. Dann lassen Sie den Aufguss zugedeckt 24 Stunden ziehen. Am nächsten Tag filtern Sie den Saft von 1/2 Zitrone und den Holunderblütenaufguss in eine dunkle Flasche (z. B. in eine Arzneiflasche aus dem Reformhaus oder in eine Pikkoloflasche) und bewahren diese gut verschlossen sowie möglichst dunkel und kühl auf. Zur Anwendung tränken Sie einen Wattebausch mit dem Blütenwasser und tupfen damit Gesicht, Hals und Dekolletee ab, nachdem Sie die Haut vorher gründlich gereinigt haben.

Akne von innen behandeln: Versuchen Sie es einmal mit einer Molkekur. Trinken Sie 3-mal täglich 1 Glas frische Molke. Diese Kur sollte mindestens 4 Wochen lang dauern. Danach trinken Sie nur noch morgens zum Frühstück 1 Glas Molke.

Verstopfung

In den Industrieländern leiden heutzutage immer mehr Menschen an chronischer Verstopfung. Eine der Hauptursachen ist dabei die ungesunde Ernährungsweise. Von einer Verstopfung (Obstipation) wird in der Medizin gesprochen, wenn der Stuhlgang länger als drei Tage ausbleibt. Die Entleerung des Darms kann dabei sehr schmerzhaft sein, denn der Stuhl ist bei einer Verstopfung meist hart und trocken. Häufig bleibt nach dem Stuhlgang auch das unangenehme Gefühl einer unvollständigen Darmentleerung zurück.

Der tägliche Stuhlgang muss nicht unbedingt die Regel sein. Aus medizinischer Sicht wird eine dreimalige Darmentleerung pro Woche noch als normal eingestuft. Erst bei größeren Zeitabständen spricht man von Verstopfung.

Die Ernährung ist schuld

Die häufigste Ursache chronischer Verstopfung ist fett- und cholesterinreiche, aber ballaststoffarme Ernährung. Hinzu kommen meist noch Bewegungsmangel, Übergewicht, zu geringe Flüssigkeitsaufnahme oder auch der Missbrauch von Abführmitteln. Zudem können psychische Probleme eine Rolle spielen: Personen, die mental nur schwer loslassen können, haben oft auch auf der körperlichen Ebene Schwierigkeiten damit.

Akute Verstopfung

Die Gründe für eine akute Verstopfung liegen dagegen meist in einer Ortsveränderung mit einhergehender Ernährungsumstellung. Viele Menschen erleben dieses Phänomen bei einer Urlaubsreise in ein anderes Land mit einer ungewohnten Küche. In der Regel verschwindet diese Art der Verstopfung nach ein paar Tagen wieder von selbst. In seltenen Fällen können auch andere Ursachen wie Stress oder die Einnahme bestimmter Medikamente (z. B. Schmerzmittel) zu einer akuten Verstopfung führen.

Grenzen der Selbstbehandlung

Sollte sich die Verstopfung durch eine Selbstbehandlung mit Hausmitteln innerhalb von zwei Wochen nicht wesentlich bessern, ist es sinnvoll, dass Sie sich ärztlich untersuchen lassen. Nur so kann mit Sicherheit ausgeschlossen werden, dass es sich nicht doch um das Symptom einer gefährlicheren Erkrankung handelt.

Vorsicht bei Schmerzen

Falls die Verstopfung mit kolikartigen Bauchschmerzen, Erbrechen und Kreislaufbeschwerden einhergeht, sollten Sie sofort zum Arzt gehen oder im Zweifelsfall den Notarzt rufen. Bei diesen Symptomen besteht der Verdacht auf einen Darmverschluss, der sofort behandelt werden muss.

Damit die Ballaststoffe im Darm nicht verklumpen, sondern entsprechend aufquellen können, sollten Sie viel trinken. Die Deutsche Gesellschaft für Ernährung (DGE) empfiehlt ein Minimum von zwei Litern Flüssigkeit täglich.

Mit gesunder Ernährung vorbeugen

● Die beste und wirksamste Vorbeugung gegen chronische Verstopfung ist eine ausgewogene und gesunde Ernährungsweise. Wenn Sie Ihre Ernährung auf eine fett- und cholesterinarme sowie ballaststoffreiche Kost mit viel Obst, Gemüse, Vollkornprodukten und Hülsenfrüchten umstellen, haben Sie in der Regel keine Probleme mit der Darmtätigkeit.

● Außerdem sollten Sie Milchprodukte wie Joghurt, Kefir, Buttermilch oder Molke zu sich nehmen. Diese wirken günstig auf die Bakterienflora im Darm und beugen somit Verstopfungen vor.

● Vor allem, wenn Sie an einer chronischen Verstopfung oder an Darmträgheit leiden, sollten Sie eine generelle Ernährungsumstellung in Erwägung ziehen. Als Einstieg dazu kann eine Fastenkur hilfreich sein.

Trinkkur bei Verstopfung

Um den Stuhlgang wieder in Bewegung zu bringen, ist eine Trinkkur empfehlenswert. Eine ausreichende Flüssigkeitszufuhr regt die Darmbewegung an und entschlackt zugleich den Körper.

Anwendung: Trinken Sie 3 Tage lang mindestens 3 Liter Mineralwasser, Kräutertee und Fruchtsäfte (darunter 1 Glas Holundersaft). Während dieser Zeit nehmen Sie keine anderen Getränke, insbesondere keine alkoholischen zu sich. Langfristig sollte sich dann Ihre Flüssigkeitszufuhr auf mindestens 2 Liter pro Tag einspielen. Um einen Überblick über die getrunkene Menge zu bekommen, messen Sie am besten ab, was für ein Fassungsvermögen der Becher oder das Glas besitzt, aus dem Sie trinken. Führen Sie dazu während der Trinkkur eine Strichliste.

Verwenden Sie nach Möglichkeit keine Abführmittel. Sie sind nur für akute Fälle geeignet und nicht zum Dauergebrauch, weil der Darm sich an ihre Unterstützung gewöhnt und letztlich noch träger wird.

Mit Holunder sanft abführen

Ein sanftes Mittel gegen Verstopfung ist Holunderblütenwasser. Es wirkt leicht abführend und regt gleichzeitig den Stoffwechsel an.

Anwendung: Übergießen Sie die Blüten von 4 frischen Holunderblütendolden oder 4 Esslöffel getrocknete Blüten mit 1 Liter abgekochtem und wieder abgekühltem Wasser. Geben Sie 2 Messerspitzen Weinsteinsäure (aus der Apotheke) hinzu, und lassen Sie den Sud 24 Stunden lang ziehen. Anschließend das Wasser abseihen, in eine verschließbare Flasche füllen und im Kühlschrank aufbewahren. Fertiges Holunderblütenwasser ist auch in Apotheken und Reformhäusern erhältlich. Bei Bedarf morgens vor dem Frühstück 1 Glas trinken. Das Blütenwasser möglichst gar nicht oder nur mit etwas Honig süßen.

Etwas stärker – die Rinde des Holunders

Wenn Sie ein etwas stärkeres Abführmittel benötigen, ist eine Abkochung (Dekokt) aus der Rinde des Holunders zu empfehlen. Dies sollte jedoch nur im Notfall und nicht regelmäßig angewendet werden.

Anwendung: Geben Sie 25 Gramm Rinde in 1/4 Liter kaltes Wasser. Die Rinde darf nur von Trieben oder Zweigen stammen, und die Oberhaut der Rinde muss entfernt werden. Das Wasser langsam zum Kochen bringen. Damit möglichst wenig von den flüchtigen Stoffen verloren geht, sollte der Topf immer mit einem Deckel verschlossen bleiben. Lassen Sie den Sud im Topf etwa 20 Minuten unter gelegentlichem Umrühren leise kochen. Anschließend die Abkochung abkühlen lassen und durch ein Sieb abgießen. Trinken Sie pro Tag nicht mehr als 1/4 Liter.

Am einfachsten ist es jedoch, wenn Sie sich einen fertigen Tee aus Holunderrinde in einer Apotheke oder im Reformhaus besorgen. Trinken Sie davon aber nur 1 Tasse täglich vor dem Frühstück.

Achten Sie darauf, dass die Kräuter, Rinden oder Wurzeln möglichst aus kontrolliert biologischem Anbau kommen, weil sie nur dann relativ gering mit Schadstoffen belastet sind.

Eine Abkochung mit der Rinde des Holunders hilft ebenso, wenn sich im Körper zu viel Wasser angestaut hat.

Schnelle Hilfe mit Holunder

Einige Alltagsbeschwerden können durch Anwendungen mit Holunder gelindert werden, oder es können damit andere therapeutische Maßnahmen wirksam unterstützt werden. Die folgenden Rezepturen sind deshalb als Ergänzung zur ärztlichen Therapie zu empfehlen.

Zahnschmerzen

Zahnbeläge (Plaque) sind die Hauptursache für Karies und Parodontose. Deswegen ist eine richtige und konsequente Zahnpflege die wichtigste Voraussetzung für ein gesundes Gebiss.

Zahnschmerzen können aus ganz unterschiedlichen Gründen auftreten. Beispielsweise können kalte oder heiße Speisen und Getränke vorübergehendes Ziehen auslösen, was auf eine Schädigung des Zahnschmelzes hindeutet. Dagegen sind spontane Schmerzattacken ein Anzeichen für eine Entzündung des Zahnmarks. Ein andauernder starker Zahnschmerz kann auf eine Zahnwurzelentzündung hinweisen. Diese Entzündungen werden in der Regel durch eine fortgeschrittene Karies (Zahnfäule) verursacht.

Rechtzeitig zum Zahnarzt

● Wenn der Zahnschmerz warnt, ist es meist schon zu spät. Nur regelmäßige Vorsorgeuntersuchungen können Karies rechtzeitig aufspüren und weitere Schäden an den Zähnen verhindern.

● Bei Zahnschmerzen sollten Sie in jedem Fall immer zum Zahnarzt gehen, denn dieser kann die Ursachen richtig diagnostizieren und entsprechende Behandlungsmaßnahmen einleiten.

● Mit Holunderanwendungen können jedoch unangenehme Zahnschmerzen wirksam gelindert werden. Sie können mit Holunder die notwendige zahnärztliche Therapie sinnvoll ergänzen.

Holunder bei Zahnschmerzen

Zahnschmerzen! Spätestens jetzt führt kein Weg mehr am Zahnarztbesuch vorbei. Aber bis zum Zahnarzttermin vergehen oft noch Stunden. Bis dahin können Sie sich mit einem Holundersäckchen selbst helfen, mit dem Sie die akuten Schmerzen lindern.

Holundersäckchen: Füllen Sie ein Leinensäckchen mit Holunderblüten, und binden Sie es zu. Überbrühen Sie das Säckchen mit kochendem Wasser, lassen Sie es etwas abkühlen, und drücken Sie es aus. Legen Sie das Säckchen möglichst heiß auf die Stelle an der Wange, hinter der sich der schmerzende Zahn verbirgt.

Holunderblütenteespülung: Bereiten Sie einen Holunderblütentee zu, und füllen Sie ihn in eine Thermoskanne, damit er heiß bleibt. Dann nehmen Sie immer wieder einen kleinen Schluck des Tees in den Mund und behalten ihn dort einige Minuten lang – möglichst an der Stelle des schmerzenden Zahns. Danach spucken Sie den Tee wieder aus.

Sonnenbrand und Verbrennungen

Die menschliche Haut ist ein lebendes Gewebe. Schon eine kurze Erhitzung über 50 °C kann die Hautzellen schädigen. Ab einer bestimmten Schwere der Verbrennung (in der Regel ab dem zweiten Grad) ist eine ärztliche Behandlung notwendig. Schon ein leichter Sonnenbrand ist eine Verbrennung ersten Grades.

Bei einem Sonnenbrand und leichten Verbrennungen lindern kühlende Umschläge die akuten Schmerzen.

Die verschiedenen Grade einer Verbrennung

▶ **Erster Grad:** Die Haut ist gerötet, teilweise geschwollen und schmerzt. Nach einer gewissen Zeit löst sich die oberste Hautschicht ab. Die Wunde verheilt in der Regel vollständig und narbenlos.

▶ **Zweiter Grad:** Auf den geröteten Hautstellen bilden sich Bläschen, die eine klare Flüssigkeit enthalten. Diese so genannten Brandblasen brechen später auf, und die Flüssigkeit tritt aus. Je größer die Brandwunde ist, desto eher können sich nach dem Abheilen Narben bilden.

▶ **Dritter Grad:** Die Haut und das darunter liegende Gewebe werden zerstört. Neben Rötung und Blasenbildung kann es auch zu Verkohlungen kommen. Die verletzte Haut kann sich dabei schwarz verfärben. Bei diesem schweren Grad der Verbrennung erleidet die betroffene Person meist zusätzlich einen Schock.

Das betroffene Gewebe stirbt bei Verbrennungen dritten Grades immer ab. Es kann nur durch eine Hauttransplantation eventuell wieder ersetzt werden.

Holunder hilft bei leichten Verbrennungen

Eine schnelle Hilfe bei Verbrennungen ersten Grades oder Sonnenbrand ist Vitamin C. Je schneller das Vitamin auf die Haut kommt, desto besser wirkt es. Innerhalb weniger Stunden ist der Schmerz weg, und die Haut regeneriert sich. Auch das lästige und hässliche Schälen der Haut bleibt bei einer sofortigen Behandlung mit Vitamin C oft aus. Wegen seines hohen Vitamin-C-Gehalts hilft der Holunder sehr gut bei leichten Verbrennungen und vor allem bei Sonnenbrand.

Anwendung: Zerdrücken Sie mit einer Gabel frische Holunderbeeren, und legen Sie den Brei auf die betroffenen Stellen auf. Falls Sie keine Beeren zur Hand haben, tränken Sie ein Tuch mit Holunderblütenwasser oder mit unverdünntem und ungesüßtem Holundersaft (Muttersaft). Das Tuch legen Sie auf die betroffene Körperstelle auf.

Die Prozedur kann auch mit einer Zitrone durchgeführt werden. Hierbei nehmen Sie eine Zitrone, schneiden Sie sie auf, und reiben Sie damit die betroffene Stelle direkt ein. Diese Anwendung sollte sofort nach der Verbrennung halbstündlich wiederholt werden.

Homöopathie und Holunder

In den letzten Jahren wurde sie zunehmend bekannter und beliebter: Die Homöopathie fristet schon lange kein Schattendasein mehr unter den Heilmethoden. Selbst zahlreiche Ärzte lassen sich zusätzlich zum Homöopathen ausbilden und ergänzen ihre schulmedizinischen Maßnahmen mit homöopathischen Mitteln. Immer mehr Menschen vertrauen dieser sanften Alternative und Ergänzung zur Schulmedizin. Manche werden enttäuscht, manche jedoch auch durch sensationelle Heilerfolge – beispielsweise bei chronischen Erkrankungen – belohnt.

Was ist eigentlich Homöopathie?

Obwohl es unter den Homöopathen bereits einen alternativen Nobelpreisträger gibt, nämlich den Griechen Georgos Vithoulkas, der sich vor allem durch die von ihm umfangreich verfasste Fachliteratur verdient gemacht hat, wird sie von Naturwissenschaftlern und Schulmedizinern immer noch nicht richtig ernst genommen.

Der Grund dafür: Die genaue Wirkungsweise der homöopathischen Arzneimittel lässt sich nach den heutigen wissenschaftlichen Kriterien nicht erklären. Erstens fehlt es an ausreichend technischem Wissen, um die energetischen Impulse, die die Arzneien erzielen, grafisch darzustellen. Zweitens eignet sich die Homöopathie nicht für so genannte Doppelblindversuche. Denn zwei Patienten, die mit derselben Krankheit (z. B. einer Nebenhöhlenentzündung) beim Homöopathen erscheinen, werden wahrscheinlich auch mit zwei verschiedenen homöopathischen Mitteln behandelt. Der Grund hierfür ist, dass nicht die Krankheit an sich, sondern der kranke Mensch behandelt wird.

Das Prinzip der Ähnlichkeit

Das homöopathische Mittel wird in der klassischen Behandlung nach dem Prinzip »Similia similibus curentur« (lat. Ähnliches wird mit Ähnlichem geheilt) eingesetzt. Dieses Ähnlichkeitsgesetz besagt, dass man eine Krankheit durch eine Arznei heilen kann, die bei einem gesunden Menschen dieselben Symptome hervorrufen würde. Die Kunst ist also, das Mittel zu finden, das in seiner Wirkung genau dem Bild entspricht, das der Patient vorgibt.

Homöopathie ist nicht Naturheilkunde

Im Volksmund wird oft der Naturheilkundler mit dem Homöopathen gleichgesetzt, was schlichtweg falsch ist. Die Homöopathie arbeitet nicht nur mit pflanzlichen Heilmitteln, sondern mit speziell aufbereiteten Mitteln, die aus den verschiedensten Grundsubstanzen hergestellt werden.

Die Möglichkeiten der Homöopathie

Die Kraft der Homöopathie liegt in der Möglichkeit, eine Krankheit an der Wurzel anzugehen und sie von innen nach außen zum Verschwinden zu bringen. Nur wenn man die Homöopathie nach den genau festgelegten Regeln ausübt, ist es möglich, diese einzigartige Chance auszuschöpfen. Heilpraktiker und Ärzte, die sich der klassischen Homöopathie bedienen, verpflichten sich dazu, nach diesen Regeln zu therapieren.

Allerdings erlernen weder Ärzte noch Heilpraktiker während ihres Studiums automatisch die klassische Homöopathie. Wenn man einen Homöopathen sucht, sollte man nicht darauf achten, ob jemand Arzt oder Heilpraktiker ist, sondern ihn danach fragen, ob er eine qualifizierte klassische homöopathische Ausbildung hat.

Verständnis von Krankheit in der Homöopathie

Zum Verständnis der Homöopathie lassen sich zwei Arten von Krankheiten unterscheiden. Es gibt Krankheiten, die durch Schädigungen entstehen, wie Herzinfarkt, Leberzirrhose oder Schlaganfall. Es handelt sich um Schäden, die der Körper selbst nicht mehr beheben kann, weil die Selbstheilungskräfte zu gering oder sogar erloschen sind. Hier hat die Schulmedizin ihre Aufgabe, die sie auch mit viel Erfolg erfüllt.

Andererseits gibt es auch eine Vielzahl von Krankheiten, die man als Regulierungsprozesse betrachten kann. Dabei reagiert der Körper auf einen krank machenden Reiz, beispielsweise Kälte oder Stress, der das innere Gleichgewicht ins Wanken bringt und sich etwa als Mittelohrentzündung, Durchfall oder Migräne äußert. Diese Krankheitssymptome sind Zeichen dafür, dass sich der Körper aktiv wehrt. Deshalb ist in diesem Fall die Krankheit als Beginn der Heilung zu werten.

Sambucus nigra

In der Homöopathie spielt der Holunder keine sehr gewichtige Rolle, aber bei Asthma und Atemwegserkrankungen kann das Homöopathikum Sambucus nigra durchaus angezeigt sein.

Die Leitsymptome

Atembeschwerden und starkes Schwitzen sind die so genannten Leitsymptome für die homöopathische Anwendung des Holunders. Zu diesen charakteristischen Symptomen, die in der Homöopathie ausgesprochen wichtig sind, gehört folgendes Beschwerdebild: trockene Hitze während des Schlafs und starkes Schwitzen beim Wachsein.

In der Homöopathie stellt man oft fest, dass es einem Patienten besser geht, wenn der Körper sich durch Ausfluss von Körperflüssigkeiten von Ballast befreien kann. Reichlicher Urinabgang kann beispielsweise entlastend wirken – auch Schwitzen verschafft oft Linderung, daher ist gerade ein Holunderblütentee ideal, um die schweißtreibende Wirkung noch zu steigern.

Übergießen Sie dazu 1 Esslöffel getrocknete Holunderblüten mit 1 Tasse kochendem Wasser, lassen Sie das Ganze 5 bis 10 Minuten lang ziehen, und seihen Sie ab. Trinken Sie davon täglich 4 Tassen.

Asthma

Asthmatische Atembeschwerden können mit Sambucus nigra unterstützend behandelt werden. Die typischen Beschwerden bei Asthma treten vor allem nachts auf. Der Patient wacht auf, ringt nach Luft, läuft blau an und kann kaum noch ausatmen.

Chronischer Schnupfen

Bei kleinen Kindern, die dauernd verschnupft sind, kann Sambucus nigra hilfreich sein, beispielsweise wenn ein trockener Schnupfen die Atmung so stark behindert, dass der Säugling nicht richtig saugen kann.

Das aus frischen Holunderblüten und -blättern zubereitete Homöopatikum wird Kleinkindern – außer bei Schnupfen – auch zur Steigerung der eigenen Abwehrkräfte verabreicht.

Mit Sambucus nigra aktivieren Sie Ihr Immunsystem: Vor allem bei Atembeschwerden und Erkältungskrankheiten hat sich Holunder bewährt.

Entschlacken und abnehmen

Im Frühjahr eine Blutreinigungs- und Entschlackungskur durchzuführen oder gar zu fasten, gehörte einst für die meisten Menschen zum selbstverständlichen Jahresablauf wie Weihnachten oder Ostern. Heute bringen nur noch wenige Menschen die Energie auf, regelmäßig zu fasten oder ihren Körper zu entschlacken. Aber gerade in unserer Zeit, in der Nahrungsmittel mehr denn je mit Umweltgiften belastet sind und dem Körper Koffein, Nikotin und Alkohol in großen Mengen zugeführt werden, sollte eine regelmäßige Entschlackungskur in die Ernährungsgewohnheiten aufgenommen werden.

Entschlacken mit Holunder

Eine Frühjahrskur mit Holunderblättern reinigt Blut und Nieren. Natürlich ist so eine Entschlackungskur nicht auf das Frühjahr beschränkt. Wenn man getrocknete Blätter zur Verfügung hat, kann sie zu jeder Jahreszeit durchgeführt werden. Wirkungsvoller sind aber immer die frischen Blätter des Holunders. Aus ihnen lässt sich ein wertvoller Tee zur Entschlackung des Organismus zubereiten. Um sich völlig zu entschlacken, benötigt der Körper etwa vier bis sechs Wochen.

Nicht zeitgleich Fasten

Während des Fastens sollte man übrigens nie gleichzeitig entschlacken, denn der Körper benötigt beim Fasten sehr viel Flüssigkeit, die beim Entschlacken mit Hilfe von Entschlackungstees abgeführt werden soll.

Unter Entschlacken versteht man das vermehrte Ausscheiden von schädlichen Stoffwechselrückständen über Darm, Nieren oder Poren.

Eine Entschlackungskur mit Holunder reinigt das Blut und hilft so zusätzlich gegen Hautunreinheiten.

Mit Holunderblättern entschlacken

Ein Entschlackungstee aus Holunderblättern schmeckt zwar etwas bitter, aber seine Wirkung hinsichtlich der Entschlackung des Körpers ist ausgezeichnet.

Entschlackungstee: Nehmen Sie 6 bis 8 Holunderblätter, hacken Sie diese klein, kochen Sie die Blätter 10 Minuten lang in 1/4 Liter Wasser, und seihen Sie den Tee ab. Sie können die Blätter aber auch mit 1/4 Liter kochendem Wasser überbrühen und sie dann 10 Minuten lang ziehen lassen. Beim Kochen werden allerdings mehr heilsame Wirkstoffe aus den Holunderblättern freigesetzt.

Von diesem etwas bitteren Tee trinken Sie morgens vor dem Frühstück 1 bis 2 Tassen – am allerbesten ungesüßt. Wenn Sie dies nicht vertragen, können Sie den Tee mit etwas Honig süßen.

Weil die Blätter des Holunders noch vor der Blüte geerntet werden, stehen sie im Jahresverlauf auch als erstes Heilmittel des Holunders, nämlich im Frühjahr, zur Verfügung.

Auch der Saft reinigt das Blut

Auch der Holundersaft kann den Organismus wirkungsvoll entschlacken und das Blut reinigen. Wie der Holundersaft zubereitet wird, ist weiter unten nachzulesen (siehe Seite 95). Im Übrigen kann man den Saft auch in Reformhäusern oder in Apotheken kaufen.

Wenn man regelmäßig morgens nach dem Aufstehen ein Glas Holundertrinksaft oder einen verdünnten Muttersaft trinkt, reinigt das den Organismus und kräftigt das körpereigene Abwehrsystem.

Blutreinigung mit Blütensirup

Wem der Drink aus Holunderblättern zu bitter ist, oder wer vergessen hat, rechtzeitig im Frühjahr Holunderblätter zu ernten, kann auch mit einem Blütentee oder einem Holunderblütensirup entschlacken.

Siruprezept: *1 Zitrone • 10 g getrocknete Holunder-*
blüten • 1 kg Zucker
Anwendung: Schneiden Sie die Zitrone in Scheiben, und
geben Sie sie zusammen mit den Holunderblüten in eine
Schüssel. Füllen Sie etwa 1 Liter Wasser hinein, und lassen Sie das Ganze mindestens 3 Tage lang ziehen. Danach mit dem Zucker vermengen und unter ständigem
Rühren kurz aufkochen. Sobald sich der Zucker ganz
aufgelöst hat, filtern Sie den Sirup durch ein feines Sieb
und füllen ihn in 1 oder 2 Flaschen ab (je nach sich er-
gebender Menge und Flaschengröße).
Den Sirup sollten Sie, wenn Sie ihn trinken, je nach Geschmack mit Wasser verdünnen. Von dieser Limonade
trinken Sie über mehrere Wochen täglich 1 Glas vor dem
Frühstück.

Holunder-Honig-Mus reinigt Magen und Nieren

Zur Reinigung des Magens und Durchspülung der Nieren eignet sich ein Holunder-Honig-Mus.
Anwendung: Sie kochen 2 Teile der reifen Holunderbeeren mit 3 Teilen Honig (ersatzweise Zucker) ein und
bewahren dieses Mus in kleinen Schraubgläsern auf.
In einigen Rezepten heißt es auch, man soll die gekoch-
ten Beeren erst durch ein Tuch ablaufen lassen, gut aus-
pressen und nur den aufgefangenen Saft mit Honig einkochen. Die erste Zubereitungsform mit den Beeren
selbst ist jedoch wirksamer, denn wie bei den meisten
Früchten sind auch beim Holunder gerade in den Schalen die wertvollsten Inhaltsstoffe verborgen.
Von diesem Holundermus, das auch Hollersulze genannt wird, rührt man sich morgens 1 Teelöffel in 1 Glas
Wasser und trinkt es in kleinen Schlucken. Ganz nebenbei schmeckt diese »Limonade« auch noch angenehm
erfrischend und spült die Nieren gut durch.

**Am besten kau-
fen Sie den
Honig direkt bei
einem Imker.
Nur dann kön-
nen Sie sicher
sein, auch ein
qualitativ hoch-
wertiges Natur-
produkt zu
bekommen.**

Holunder – ein sanftes Schlankheitsmittel

Natürlich kann kein Mittel der Welt wettmachen, was zu viel und zu fettes Essen anrichtet. Der Traum von wunderwirksamen Pillen oder Säften, durch die wir die überflüssigen Pfunde ganz von selbst verlieren, wird immer nur ein Traum bleiben.

Vor dem Abnehmen den Körper entgiften

Wer abnehmen will, muss sein Essverhalten grundlegend verändern, daran führt kein Weg vorbei. Eine Zubereitung der Holunderwurzel kann jedoch beim Entschlacken sehr wirksam helfen, denn sie regt Darm- und Nierentätigkeit an. Und gerade dann, wenn man sein Essverhalten umstellen will, ist eine Entgiftung vorab angebracht, weil der Körper dadurch optimal auf die gesunde Ernährung vorbereitet wird.

Holunderabkochung: Kochen Sie 1 bis 2 Esslöffel Holunderwurzel aus der Apotheke mit 1 Liter Weißwein 1/2 Stunde lang ab. Füllen Sie diese Abkochung zur Aufbewahrung durch ein Sieb in eine Flasche. Trinken Sie von der Flüssigkeit morgens und abends jeweils 1/2 Glas. Eine Holunderwurzelabkochung bewirkt eine Normalisierung des Flüssigkeitsstoffwechsels und fördert auf diese Weise die sonstigen Aktivitäten, schlank zu werden oder zu bleiben.

Weniger ist mehr

Wichtig ist bei dieser Anwendung, sich an die angegebene Dosierung zu halten. Wenn man wesentlich mehr zu sich nimmt, verstärkt dies nicht die Wirkung, sondern kann dem Körper schaden. Probleme im Magen-Darm-Bereich könnten die Folge sein. Deshalb unbedingt die Dosierungsanweisung beachten!

Blutreinigungskuren funktionieren nach dem Prinzip des Ausleitens. Das bedeutet, dass schädliche Schlacken über Nieren und Darm ausgeschieden werden.

Ein Obsttag mit Holunder

Wer einmal wöchentlich nur Obst und Tee zu sich nimmt, entgiftet und entschlackt seinen Körper. Wenn man sich erst einmal dran gewöhnt hat, fällt es gar nicht mehr so schwer. Man muss auch keinen Hunger leiden, denn man darf ja Obst essen, so viel man will. Nur Bananen sind nicht erlaubt.

Holunder-Obst-Kur: Trinken Sie morgens nach dem Aufstehen 1 Tasse Holundertee. Zum Frühstück gibt es Obst nach Lust und Laune. Sobald Sie ein Gefühl von Hunger verspüren, trinken Sie Mineralwasser, Tee oder Saft. Das füllt den Magen wieder auf und spült die Nieren durch. Als Mittagessen gibt es 1 Glas Holundersaft und Obst in Hülle und Fülle. Nachmittags trinken Sie nach Belieben Tee oder Saft. Abends gibt es 1 Glas Holundersaft und Obst, und kurz vor dem Schlafengehen gönnen Sie sich nochmals 1 Tasse Holundertee.

Wenn Sie dann nachts ein paarmal auf die Toilette müssen, sollte Sie das nicht beunruhigen – im Gegenteil, es ist ein Zeichen dafür, dass der Körper entschlackt.

Während des Obsttags sollten Sie mindestens vier bis fünf Liter Flüssigkeit trinken. Aber bitte nur alkoholfreie Getränke – Mineralwasser, milde Kräutertees und verdünnte Säfte!

Ein bunt gefüllter Obstkorb mit allerlei Beeren, Äpfeln, Aprikosen und auch exotischen Früchten ist nicht nur für das Auge eine Wonne.

Weg mit den Pfunden

Übergewicht macht krank! Dies bekommen viele Menschen zu hören, die dazu neigen, Speck anzusetzen. Richtig ist, dass Übergewicht einer der wichtigsten Risikofaktoren bei allen Herz-Kreislauf-Erkrankungen ist. Wenn man übergewichtig ist, sollte man deshalb unbedingt versuchen, das Gewicht zu reduzieren, auch wenn es manchmal schwer fällt.

Dauerhaft abnehmen

Die einfachste Methode abzunehmen ist eigentlich auch die unspektakulärste und langweiligste. Sie kostet weder Geld noch verspricht sie Wunder. Es handelt sich dabei einfach um eine Reduktionskost, bei der die Kalorienzufuhr eingeschränkt wird. Auf diese Weise verliert man zwar nur langsam, aber dafür nachhaltig an Gewicht. Das in den Depots (Bauch, Hüfte, Po und Oberschenkel) angesammelte Fett kann nur abgebaut werden, wenn man Tag für Tag Kalorien einspart. Es ist dabei sehr wichtig, dass man sich falsche Ernährungsgewohnheiten abgewöhnt und sich dafür neue, sinnvolle angewöhnt. Bei einer richtigen Ernährungsweise muss auch auf nichts verzichtet werden. Es kommt vielmehr auf die Menge und die Häufigkeit des Essens an. Alles, was einem schmeckt, ist auch erlaubt – nur die richtige Zusammensetzung der Speisen ist wichtig. Statt siebenmal in der Woche eine Sahnetorte zu essen, sollte man dies nur einmal tun und ansonsten kalorienarmen Desserts (Obstsalaten oder Quarkspeisen) den Vorzug geben. Oder statt jeden Tag ein Hauptgericht mit Fleisch zu essen, sollten man variieren: einen Tag Fisch, am nächsten Tag Geflügel, am Tag darauf vegetarisch, dann vielleicht wieder ein möglichst fettarmes Fleischgericht.

Oft sind die ersten zwei bis drei Wochen bei einer Ernährungsumstellung die schwierigsten. Danach fällt es den meisten deutlich leichter, weniger zu essen.

Das Essverhalten kontrollieren

Es ist nicht nur wichtig, was wir essen, sondern auch wie wir essen. Einige Anregungen dazu, wie eingefahrenes Essverhalten positiv verändert werden kann:

- Essen Sie nichts, was Ihnen nicht schmeckt.
- Kauen Sie jeden Bissen sehr lange, und legen Sie zwischen jedem Bissen das Besteck aus der Hand.
- Sehen Sie nicht fern, und lesen Sie nicht während der Mahlzeit.
- Essen Sie nur dann, wenn Sie wirklich Hunger haben, und hören Sie mit dem Essen auf, sobald Sie satt sind.
- Wenn Sie Lust auf etwas Verbotenes haben, dann versuchen Sie möglichst, sich mit etwas Schönem abzulenken.
- Lassen Sie nichts Essbares offen herumliegen.
- Wenn Sie bei Freunden oder Verwandten zu Gast sind, dann lassen Sie Ihr Glas möglichst lange halbvoll stehen, damit die Gastgeber nicht so schnell nachschenken können.
- Räumen Sie sofort nach dem Essen die Reste weg.
- Essen Sie möglichst nichts mehr nach 19 Uhr, auch keine kleinen Snacks beim abendlichen Fernsehen.
- Gehen Sie nur dann zum Einkaufen, wenn Sie vorher gegessen oder keinen Appetit haben.
- Schaffen Sie sich keine Vorräte von Nahrungsmitteln an, die Sie immer wieder zum Essen verführen, z. B. Schokolade und andere kalorienreiche Süßigkeiten.
- Für alle Fälle sollten Sie sich einen kleinen Vorrat an kalorienarmen und gesunden Zwischenmahlzeiten anlegen, z. B. Äpfel und fettarme Joghurts.
- Bereiten Sie das Essen schön auf dem Teller zu, und stellen Sie nur diesen auf den Esstisch. Sie vermeiden dadurch das Nachfassen.

Schaffen Sie sich während der Mahlzeit eine schöne Stimmung, in der Sie gern und in Ruhe essen möchten, z. B. mit Kerzenlicht und angenehmer Hintergrundmusik.

Tieren mit Holunder helfen

Im Mittelalter war vor allem der Attich ein beliebtes Heilmittel für die Stallapotheke. Auch die alten Römer haben ihn in der Tierheilkunde eingesetzt,
wovon Rezepturen und Anwendungsbeschreibungen in antiken Heilbüchern
Zeugnis ablegen.

Früh beginnen

Auch heute haben die Holunderblüten in der Tierheilkunde noch ihr Wir-
kungsfeld, allerdings leisten Tees und Aufgüsse nur dann gute Dienste, wenn sie gleich zu Beginn einer Erkrankung verabreicht werden. Verläuft das Krankheitsbild bereits chronisch, kommt man mit Holunderblüten nicht mehr weiter.

Holunder – gut für Mensch und Tier

Im Prinzip gilt in der Tiermedizin die Regel: Alles was sich beim Menschen behandeln lässt, kann auch beim Tier behandelt werden (dies ist meist nur eine Frage der Kosten). Und was beim Menschen heilsam wirkt, kann auch dem Tier helfen.

Es muss jedoch unbedingt davor ge-
warnt werden, ein Tier mit Medika-
menten aus der eigenen Hausapothe-
ke zu behandeln, denn nicht jedes Medikament, das für den Menschen gut ist, ist auch für ein Tier geeignet.

Zudem ist eine sichere Diagnose not-
wendig, welche zu erstellen dem Laien kaum möglich ist. Außerdem hängt die Dosierung eines Medikaments auch immer wesentlich vom Körper-
gewicht ab. Wenn Herrchen oder Frau-
chen zwei Tabletten brauchen, damit das Bauchweh besser wird, kann dieselbe Dosis für Bello oder Bella bereits tödlich sein!

Ein Aufguss aus Holunderblüten kann dem Tier allerdings nicht schaden und unterstützt eventuelle Behandlungsmaßnahmen des Tierarztes.

So wird der Holunder bei Tieren dosiert

Auf 1 Liter Wasser kommen von den Holunderblüten
- 3 bis 5 Gramm für Katzen
- 3 bis 10 Gramm für Hunde
- 30 bis 100 Gramm für Pferde

Verabreichen Sie mehrmals täglich 1/2 bis 2 Tassen davon – dies ist abhängig von der Größe des zu behandeln-
den Tiers.

Wann hilft der Holunder

● Bei Augenentzündungen kann man mehrmals täglich Kräuterkissen mit einem Gemisch aus Holunder- und Kamillenblüten auflegen.

● Bei schlechter Nierentätigkeit wird 2- bis 3-mal täglich Holunderblütentee verabreicht.

● Bei schlechter Darmtätigkeit hackt man junge oder die Spitzen älterer Holunderblätter klein und mengt sie unter das Futter.

● Bei rheumatischen Beschwerden wird über mehrere Wochen hinweg Holunderaufguss verabreicht, aber nur halb so viel wie für Menschen empfohlen: 3-mal täglich 1/2 Tasse.

● Bei frischem Husten von Pferden hilft oft ein Kräuterbrei, den Sie dem Pferd mehrmals täglich zufüttern. Nehmen Sie je 2 Esslöffel verschiedener Hustenkräuter, wie z. B. Holunderblüten, Lungenkraut, Bilsenkraut, Zinnkraut oder Isländisch Moos (ersatzweise eine Hustenteemischung aus der Apotheke), geben Sie 5 Esslöffel Haferflocken dazu, vermischen Sie alles, und nässen Sie es mit heißem Wasser ein, so dass es zu einem dicken Brei aufquillt. Ist der Brei abgekühlt, können Sie ihn zufüttern.

Fein gehackter Holunder – auch für den Hund eine Wohltat.

Die besten Holunderrezepte

Dieses Buch ist ein Gesundheitsratgeber und kein Kochbuch. Die im Folgenden beschriebenen Rezepte sollen also nur eine kleine Kostprobe sein. Außerdem regen sie zu eigenen Versuchen an, den Holunder mit anderen Gesundmachern zu kombinieren – z. B. mit Äpfeln, Orangen und Haferflocken.

Die Grundrezepte

Wer mit Holunder kochen oder backen will, benötigt eine gewisse Grundausstattung an Vorräten. Hierzu gehören Holundermuttersaft, Holundermus, Holundergelee und Holundermarmelade. Auch Holundersekt, Holunderwein, Holundersirup und Holunderlikör sollten in der Vorratskammer bereitstehen, damit man für alle Fälle gut ausgerüstet ist.

Die bei der Herstellung von Holundermuttersaft verbleibende Fruchtmasse muss man nicht einfach wegwerfen! Diese Reste können Sie noch gut an Vögel oder Igel verfüttern.

Das Herstellen von Muttersaft

Am einfachsten geht das Entsaften im Dampfentsafter. Die Holunderdolden müssen nur noch gewaschen werden, und das mühsame Abrippeln der Beeren entfällt. Wenn so ein Gerät nicht zur Verfügung steht, kann man die Fruchtmasse mit etwas Wasser aufkochen. Anschließend wird der Saft durch ein Küchensieb, in dem ein altes Leinentuch ausgelegt ist, gedrückt. Die im Tuch verbliebene Fruchtmasse wird noch einmal gut ausgepresst. Zum Schluss lässt man den aufgefangenen Saft nochmals kurz aufkochen und gibt – je nach Geschmack – noch etwas ausgepressten Zitronensaft hinzu.

Wie wär's im Sommer mal mit einem eisgekühlten Holundersaftcocktail?

So wird der Saft richtig aufbewahrt

Der so gewonnene Muttersaft sollte möglichst heiß in Flaschen mit Schraubverschluss abgefüllt werden. Es ist zudem empfehlenswert, relativ kleine Flaschen zu verwenden, weil angebrochene Flaschen möglichst schnell aufgebraucht werden sollten. Holundermuttersaft ist zum Kochen, Backen und Mixen geeignet. Er kann aber auch – mit Wasser verdünnt und nach Geschmack mit etwas Honig gesüßt – gut getrunken oder für Heilzwecke verwendet werden.

Eine angebrochene Flasche Holundersaft sollte innerhalb von drei bis vier Tagen aufgebraucht werden. Diese Regel gilt übrigens für alle Obstsäfte.

Holundermus

Holundermus hat in der traditionellen Holunderküche einen festen Platz. Es dient einerseits bei vielen unterschiedlichen Rezepten als Grundlage oder Beigabe. Natürlich schmeckt es auch einfach als Nachspeise. Am besten ist es jedoch, wenn man es zusammen mit anderen Früchte zubereitet, etwa mit Zwetschgen, Birnen oder Äpfeln. Das sind Obstsorten, die etwa zur selben Zeit reif werden und außerdem geschmacklich und von den Inhaltsstoffen her gut zu den Holunderbeeren passen. Man kann Holundermus selbstverständlich auch pur und ohne Zucker zubereiten.

Süßes und pures Holundermus

Um für alle Verwendungsarten von Holundermus gerüstet zu sein, ist es sinnvoll, sowohl süßes als auch pures Mus vorrätig zu haben. Für zahlreiche Rezepte sind nur kleinere Portionen von Holundermus notwendig. Deshalb ist es besser, das Mus nach der Zubereitung einzufrieren. Wenn man es dann braucht, kann man mit einem Löffel je nach Bedarf kleinere Mengen herausstechen.

Süßes Holundermus

Zutaten: *1 kg Holunderbeeren • 500–1000 g andere Früchte (z. B. geschälte, klein geschnittene Äpfel oder Birnen oder entkernte, geviertelte Zwetschgen) • Saft von 1/2 Zitrone • 500 g Zucker • 1 TL gemahlener Ingwer oder 2 Zimtstangen*

Zubereitung: Befreien Sie die Holunderbeeren mit Hilfe einer Gabel von den Stielen, dann waschen Sie die Beeren und lassen sie abtropfen. Das andere Obst wird gesäubert, entkernt, in kleine Würfel geschnitten und zu den Holunderbeeren hinzugefügt. Anschließend mischen Sie Zitronensaft, Zucker und Ingwer oder Zimt unter das Obst. Das Mus lassen Sie abgedeckt noch 1 bis 2 Tage im Kühlschrank ziehen. Nach der Kühlzeit kochen Sie die Fruchtmasse bei kleiner Hitze ein (etwa 15 Minuten) und füllen es im Anschluss daran sofort in Schraubgläser oder in normale Einweckgläser ab, die Sie noch in heißem Zustand verschließen.

Das Holundermus schmeckt beispielsweise in der Kombination mit Eis, als Füllung für Pfannkuchen oder zum Reibekuchen, statt Preiselbeeren zu Wild oder Sauerbraten sowie zu vielen anderen Gerichten.

Pures Holundermus

Das ungesüßte Holundermus wird genauso wie das gesüßte zubereitet, man lässt einfach nur den Zucker weg. Am besten friert man es danach sofort ein, weil es ohne Zucker in Gläsern nur relativ kurz haltbar ist. Außerdem lässt es sich in gefrorenem Zustand leichter portionieren. Beim puren Holundermus handelt es sich um das reine Holundermus, ohne die Beimischungen von anderem Obst. Da es nicht gesüßt ist, lässt es sich noch vielseitiger verwenden.

Holundermus findet in vielen verschiedenen Speisen und Gerichten Verwendung. Es ist äußerst vielseitig einsetzbar.

Holundermarmelade

Viele Menschen bevorzugen Holundergelee. In der Marmelade sind allerdings mehr wertvolle Inhaltsstoffe enthalten, weil in den Beeren (wie beim übrigen Obst auch) die meisten Vitamine und Mineralstoffe in oder direkt unter der Schale sitzen.

Zutaten: *1200 g Holunderbeeren (sorgfältig abgezupft und gewaschen) • 1 Päckchen Gelfix • Saft von 1/2 Zitrone • 1 Schuss Rum • 1 kg Zucker*

Zubereitung: Lassen Sie die Holunderbeeren nach dem Waschen gut abtropfen, dann geben Sie die Beeren in einen großen Topf (Marmelade benötigt beim Kochen Platz zum Steigen) und rühren das Gelfix hinein. Anschließend Zitronensaft und Rum hinzufügen. Den Obstbrei unter ständigem Rühren aufkochen lassen. Jetzt rühren Sie den Zucker hinein und lassen das Ganze nochmals kurz aufkochen. Der Fruchtbrei sollte noch etwa 3 Minuten lang sprudelnd kochen. Zum Schluss füllen Sie die fertige Marmelade sofort heiß ab und verschließen die Gläser sorgfältig.

Vorsicht! Wenn Sie die doppelte Menge Holunder verarbeiten wollen, müssen Sie die Marmelade auch doppelt so lange kochen.

Ein bisschen Mühe bedarf es schon, Holunderbeeren zu zupfen – doch der fruchtige Geschmack der Marmelade belohnt Sie für diesen Aufwand.

Holundergelee

Ein Holundergelee kann – besser als die Holundermarmelade – nicht nur als Brotaufstrich, sondern auch als Zutat zu den unterschiedlichsten Gerichten und Saucen verwendet werden.

Zutaten: *1 Päckchen Gelierpulver • 500 g Zucker 1 l Holundersaft • Saft und Schale von 2 unbehandelten Zitronen • je 1 Messerspitze Zimt und Nelken*

Zubereitung: Mischen Sie das Gelierpulver mit 2 Esslöffeln Zucker, und rühren Sie es in den Holundersaft ein. Fügen Sie sowohl den Saft als auch die Schale der Zitronen sowie die Gewürze hinzu, und bringen Sie das Ganze zum Kochen. Sobald das Gelee kocht, wird der Zucker eingerührt. Lassen Sie das Gelee nochmals unter ständigem Umrühren 1 Minute lang sprudelnd aufkochen. Das Gelee zum Schluss heiß in Gläser abfüllen und diese gut verschließen.

Holunderwein

Zutaten: *10 l Wasser • 10 Holunderblütendolden (die großen Stiele entfernen) • 2 in Scheiben geschnittene unbehandelte Zitronen • 1/2 l Weißwein • 1kg Zucker*

Zubereitung: Mischen Sie alle Zutaten in einem großen Topf, und lassen Sie diesen 3 Tage lang zugedeckt stehen (ab und zu umrühren). Anschließend die Flüssigkeit nochmals gut durchrühren, filtrieren, in Flaschen abfüllen (die Flaschen dabei nicht ganz voll machen) und sorgfältig verschließen.

Holunderwein wirkt leicht abführend und beugt somit Verstopfungen vor. Für einen Punsch im Winter vermischen Sie den Holunderwein zu gleichen Teilen mit einem trockenem Rotwein und erhitzen das Ganze. Den Punsch möglichst heiß trinken.

Jeder Wein – roter noch mehr als weißer – enthält Flavonoide. Diese Biostoffe wirken der gefährlichen Arteriosklerose entgegen.

Holundersekt

Zutaten: *10 große Holunderblütendolden • 1 bis 2 unbehandelte Zitronen • 1/8 l Weißwein • 1/8 l Weinessig 750 g Honig (ersatzweise Zucker) • 7,5 l Wasser*

Außerdem benötigen Sie einen großen Glasbehälter mit weitem Hals, etwa 10 dickwandige Sektflaschen mit Plastikkorken und Drahthauben zum Befestigen der Korken. Flaschen, Plastikkorken und Drahthauben können Sie in Zubehörgeschäften für Winzer kaufen.

Zubereitung: Schütteln Sie die Blütendolden vorsichtig aus (nicht waschen!), zupfen Sie die Blüten ab, und füllen Sie diese in das Glasgefäß. Schneiden Sie die Zitrone mit Schale klein, und geben Sie sie zusammen mit dem Weißwein und dem Weinessig zu den Blüten dazu.

Den Honig in 1 1/2 Liter kochendem Wasser auflösen, das Honigwasser ins Glasgefäß füllen und nochmals 6 Liter Wasser nachgießen. Die Öffnung des Glasgefäßes mit einem Tuch zubinden.

Es ist wichtig, dass Sie die Flüssigkeit mindestens einmal täglich im Glasbehälter kreisen lassen. Nach frühestens 3 Tagen und spätestens 2 Wochen (je nach Witterung) fängt das Gemisch zu gären an. Dabei bilden sich kleine Bläschen auf der Oberfläche, und die Blüten verfärben sich bräunlich. Erst dann wird der Sekt durch ein Sieb in dickwandige Sektflaschen gefüllt und verkorkt. Die Korken werden dabei mit einem Drahthütchen am Flaschenhals befestigt. Sie sollten die Flaschen jedoch nicht ganz füllen, damit der Überdruck nicht zu groß wird.

Der selbst hergestellte Sekt sollte dunkel und kühl noch mindestens 4 Wochen lang lagern, bevor er den richtigen Geschmack entwickelt hat. Holundersekt besitzt zwar nur einen relativ geringen Alkoholgehalt, ist aber trotzdem lange haltbar.

Sollte der reife Holundersekt etwas trüb sein, dann liegt das an seinen Eiweißstoffen. Trotzdem können Sie ihn bedenkenlos trinken!

Holunder und andere Gesundmacher

Um die Wirkung des Holunders zu unterstützen bzw. sie erst richtig zur Entfaltung zu bringen, ist eine Kombination mit anderen Gesundmachern aus dem Bereich Getreide, Obst und Gemüse sinnvoll.

Aus der Forschung

Die medizinische Forschung fand heraus, dass sich beispielsweise Äpfel günstig auf den Cholesterinspiegel auswirken. Um diese Wirkung zu erzielen, muss man jedoch – so die Untersuchungsergebnisse – mindestens drei Äpfel täglich über einen längeren Zeitraum hinweg essen. Für die meisten Menschen ist dies wohl kaum praktizierbar.

Die meisten Nährstoffe des Apfels sitzen unter der Schale. Es sind dies vor allem ungesättigte Fettsäuren, Magnesium, Karotinoide und Eisen.

Dieselbe Wirkung stellt sich aber auch ein, wenn man z. B. einen Apfel, etwas Haferkleie, zwei Teelöffel Holundermus und zum Mittagessen weiße Bohnen isst, denn natürlich sind auch in anderen Lebensmitteln ähnliche Substanzen wie in Äpfeln enthalten.

Ausgewogene Ernährung

Weil der menschliche Körper aber keine Maschine ist, und die Menschen ganz unterschiedlich auf Nahrungsmittel reagieren, gibt es auch kein festgelegtes Schema und kein Patentrezept für einen gesunden Ernährungsplan. Jeder zieht seinen ganz persönlichen Nutzen aus einem Apfel (oder anderen Gesundmachern wie dem Holunder). Gesund essen und leben heißt, sich möglichst ausgewogen, fett- und cholesterinarm zu ernähren sowie auf eine ausreichende Zufuhr von Ballaststoffen, Proteinen, Mineralien und Vitaminen zu achten, indem man einen abwechslungsreichen Speiseplan zusammenstellt mit vielen verschiedenen Nahrungsmitteln.

Starkes Gespann – Hafer und Holunder

Holunder und Hafer wirken im Zusammenspiel vor allem bei Magen- und Darmproblemen. Der gemeinsame ausgewogene Reichtum an wichtigen Vitaminen und Mineralstoffen wirkt zudem Krebs vorbeugend, gibt dem Organismus eine Extraportion Energie und sorgt für ein intaktes Immunsystem.

Hafer liefert mehr Vitamine, Mineralstoffe, Proteine und Fettsäuren als alle übrigen Getreidesorten: beispielsweise Vitamin E, das gegen die so genannten freien Radikale wirkt.

Hafer macht nicht nur Pferde munter

In den folgenden Rezepten wird immer wieder einmal Hafer auftauchen – das geschieht nicht von ungefähr. Denn Hafer ist vollgepackt mit Nähr- und Heilstoffen. Bis die Kartoffel im 16. Jahrhundert aus Amerika nach Europa kam, war der Hafer hier fast 2000 Jahre lang ein Hauptnahrungsmittel.

Die alten Germanen sahen ihn sogar als eine Götterspeise an. Im antiken Griechenland wurde er bei Durchfall verordnet und für Umschläge genutzt. Und auch noch in jüngster Zeit wurden Kranke oder frisch operierte Personen in Krankenhäusern erst einmal mit einer Haferschleimsuppe wieder aufgepäppelt.

Wie Hafer wirkt

Seine heilende Kraft verdankt der Hafer seinem hohen Gehalt an Vitaminen und Mineralstoffen, seinen Schleimstoffen und vor allem seinen Beta-Glukanen. Sie nehmen überschüssige Magensäure auf und besitzen die Fähigkeit, Schadstoffe und Bakterien in Magen und Darm zu binden. Außerdem bewirken sie durch ihre enorme Quellfähigkeit einen leichteren Stuhlgang. Zusätzlich schützen die Schleimstoffe des Hafers die Magen- und Darmschleimhäute. Dies macht dieses Getreide für den Verdauungstrakt so wertvoll.

Das fehlende Vitamin

Der Hafer besitzt ein Vitamin, das dem Holunder fehlt – Vitamin E. Erwachsene benötigen von diesem Vitamin täglich etwa 20 Milligramm. Vitamin E wirkt gefäßerweiternd und stimuliert die Antikörperbildung. Es kämpft damit gegen freie Radikale, die Krebs fördern und bei jeder Entzündung verstärkt produziert werden. Um jedoch optimal wirken zu können, benötigt Vitamin E das Vitamin C. Zusammen verhindern sie z. B. die Bildung Krebs erregender Nitrosamine im Magen-Darm-Trakt. Aufgrund des hohen Vitamin-C-Gehalts ergänzt der Holunder den Hafer deshalb ideal.

Auch Pflanzenöle enthalten viel Vitamin E. Verwenden Sie deshalb in der Küche vorwiegend kaltgepresste Pflanzenöle und möglichst wenig tierische Fette.

Die Geheimnisse des Vitamins

Was bestimmte Funktionen von Vitamin E betrifft, tappt die Forschung zur Zeit immer noch im Dunkeln. Vermutlich ist Vitamin E an der Herstellung von körpereigenem Eiweiß und an der Weitergabe genetischer Informationen beteiligt.

Hafer wird überall angebaut; sogar in Höhen bis zu 1600 Meter. Seine Blütezeit liegt zwischen Juni und August.

Holunder und Apfel

Die hier wachsenden Äpfel, so wie wir sie heute kennen, wurden alle aus dem wilden Holzapfel, der seine Heimat in Asien hat, gezüchtet. Die alten Römer haben sie mitgebracht und mit dem Kulturanbau begonnen. Im Lauf der Jahrhunderte wurde der Geschmack dieser Früchte, die zu den Rosengewächsen zählen, durch Auswahl und Züchtung immer mehr verfeinert. Heute gibt es allein in Mitteleuropa an die 1500 verschiedene Sorten.

Am meisten Vitamin C besitzt die Apfelsorte Roter Berlepsch, am wenigsten Vitamin C befindet sich in den Sorten Granny Smith und Golden Delicious.

Reich an Vitaminen und Mineralien

Der Apfel zeichnet sich durch einen hohen Vitamin-C-Gehalt aus. Je nach Sorte deckt er bis zu 60 Prozent des Tagesbedarfs ab. Äpfel sind aber auch reich an Vitamin A und Vitamin B6, Kalium, Kalzium, Phosphor, ungesättigten Fettsäuren, Eisen, Gerbstoffen und dem als Darmputzer bekannten Pektin.

Pektin ist ein löslicher Ballaststoff, der die Eigenschaft hat, im Darm aufzuquellen. Er sorgt somit für einen guten Stuhlgang. Andererseits neutralisiert und bindet Pektin aber auch Giftstoffe und stoppt Krankheitserreger wie Bakterien und Pilze. Deshalb wirken Äpfel auch gut bei Durchfall: Man nimmt mehrmals täglich einen fein geriebenen Apfel zu sich und wird schon bald keine Probleme mehr haben.

Lieber klein und fein

Die Supermärkte sind voll mit gleichmäßig runden Äpfeln. Dem kleineren, etwas weniger ebenmäßig aussehenden Apfel sollte man jedoch, wenn man auf seine Gesundheit bedacht ist, immer den Vorzug geben. Denn je größer und schöner ein Apfel aussieht, desto sicherer ist er auch mit chemischen Mitteln behandelt.

Äpfel – meist aus integriertem Anbau

Viele Äpfel, die man im Einzelhandel kaufen kann, stammen aus einem so genannten integrierten Anbau. Das bedeutet, dass versucht wird, auf Chemie weitgehend zu verzichten. Es darf nur in ganz bestimmten Fällen gespritzt werden. Ausschließlich Äpfel aus kontrolliert ökologischem Anbau dürfen überhaupt nicht gespritzt werden. Sie sind jedoch meist nur in Bioläden oder bei einem Biobauern zu bekommen.

Der tägliche Apfel

Iss täglich einen Apfel, und du brauchst keinen Arzt, sagt ein altes englisches Sprichwort. Der Volksmund verlässt sich in dieser Hinsicht ganz auf seinen reichen Erfahrungsschatz.

Die medizinische Forschung hat es aber genauer wissen wollen. Und sie hat herausgefunden, warum dies so ist: Ein Apfel liefert leicht verdauliche Kohlenhydrate, wertvolle Vitamine und Mineralien, Frucht- und Traubenzucker u. v. m. Mit seinen wertvollen Inhaltsstoffen sorgt er für ein ausgeglichenes Blutzuckerprofil und steigert damit die Konzentrationsfähigkeit, stärkt Herz und Kreislauf sowie das Immunsystem des Körpers. Außerdem regen die Wirkstoffe des Apfels Stoffwechselprozesse an.

Vereinte Power

In Zusammenarbeit mit Holunder ist der Apfel, dieses kleine Kraftwerk der Natur, die reinste Powerbombe. Gerichte, in denen Äpfel gemeinsam mit Holunder verarbeitet sind, schützen vor Herzinfarkt, reinigen den Darm und sorgen zudem für einen ausgeglichenen Wasserhaushalt im Körper.

Äpfel zählen zu den besten natürlichen Jungkuren. Schale und Fruchtfleisch, die den Kernbereich des Apfels schützen, entfalten im Körper vielfältige Heilwirkungen.

Apfel-Holunder-Gerichte

Im Folgenden sollen einige Kombinationsgerichte mit Holunder und Äpfeln vorgestellt werden. Probieren Sie diese nach Lust und Laune aus, oder kreieren Sie selbst neue Gerichte.

Apfel-Kartoffel-Salat

Zutaten (für 4 Personen): *8 mittelgroße Kartoffeln 1 Tasse heiße Gemüsebrühe • 4 mittelgroße Äpfel 100 g milder Schnittkäse • 1 kleine Zwiebel 3 EL Apfelessig • 8 EL Sonnenblumenöl • 1 EL Senf 4 EL süßes Holundermus • Salz, Pfeffer aus der Mühle 1 Knoblauchzehe • 1 EL frischer Majoran 3 EL Pinienkerne • 1/2 Bund Brunnenkresse*

Servieren Sie zum Salat Vollkornbaguette. Mit diesem frischen Sommeressen werden Sie auch Nichtvegetarier begeistern können.

Zubereitung: Die Kartoffeln dürfen nicht zu weich gekocht werden (höchstens 20 Minuten bei geringer Hitze). Sie können die Kartoffeln anschließend entweder pellen oder – falls sie aus biologischem Anbau sind – auch ungeschält verwenden. Dann sollten Sie jedoch die Schalen vor dem Kochen gut bürsten. Schneiden Sie die Kartoffeln in Scheiben, und übergießen Sie sie mit Gemüsebrühe. Die gewaschenen Äpfel vierteln, entkernen und würfeln. Den Käse in Streifen schneiden. Die Zwiebel abziehen und in feine Ringe schneiden. Für das Dressing verrühren Sie Essig, Öl, Senf, Holundermus, Salz, Pfeffer, abgezogenen und durchgepressten Knoblauch und Majoran. Vermengen Sie danach die Kartoffelscheiben mit den Apfelwürfeln, Zwiebelringen und Käsestreifen, und heben Sie das Dressing vorsichtig unter. Den Salat anschließend noch etwa 1/2 Stunde ziehen lassen. Zum Schluss den Salat auf den Tellern anrichten und mit Pinienkernen sowie der abgezupften Brunnenkresse garnieren.

Gebratene Kartoffelscheiben mit Äpfeln

Dieses Gericht eignet sich sehr gut als leichter Snack in den heißen Sommermonaten. Außerdem ist es schnell zubereitet (maximale Zubereitungszeit 40 Minuten).

Zutaten (für 2 Personen): *4 mittelgroße Kartoffeln etwas Butter • 2 mittelgroße Äpfel • 250 g Holundermus als Beilage*

Zubereitung: Die Kartoffeln in wenig Wasser nicht zu weich kochen (20 Minuten bei geringer Hitze). Anschließend lassen Sie etwas Butter in einer Pfanne schmelzen. Daraufhin mit den zuvor in Scheiben geschnittenen Kartoffeln die Pfanne auslegen. Darüber kommen die in Scheiben geschnittenen Äpfel. Braten Sie die Kartoffeln bei zugedeckter Pfanne bei geringer Hitze. Sobald die Kartoffeln goldbraun und die Äpfel weich sind, lassen Sie 1 bis 2 Esslöffel Wasser seitlich in die Pfanne einlaufen. Dadurch können Sie die Kartoffeln besser vom Pfannenboden ablösen und auf eine Platte heben. Die Kartoffel-Apfel-Scheiben werden dann mit Holundermus serviert.

Die Kartoffel ist das vielseitigste Gemüse der vegetarischen Küche. Kartoffeln sind kalorienarm, aber trotzdem nährstoffreich.

Heimlicher Vitamin-C-Star: Die Kartoffel enthält 20 Milligramm Vitamin C pro 100 Gramm.

Holunderkücherl

Hollerküchle, Backtaschen, Hollerstrauben – es gibt viele verschiedene Namen für dieses altbewährte Rezept, das bereits zur Zeit unserer Urgroßmütter zubereitet wurde. Es war dabei nicht nur wegen seiner positiven Auswirkung auf die Gesundheit beliebt, sondern auch, weil es »einfach köstlich schmecket«, wie es in einem alten Kochbuch heißt.

Zutaten (für 4 Personen): *250 g Vollkornmehl • 1 Ei 1/8 l Frischmilch • 1 kleine Prise Salz • 10 große Holunderblütendolden mit Stiel • 1 EL Puderzucker zum Bestreuen • 8 EL Sonnenblumenöl • 250 g Apfelmus*
Zubereitung: Verrühren Sie Mehl, Ei, Milch und Salz zu einem glatten Teig. Die vorsichtig ausgeschüttelten Holunderblütendolden werden zuerst in den Teig getaucht und dann im erhitzten Öl (in einer hochwandigen Pfanne) kurz goldbraun ausgebacken. Vor dem Servieren bestreuen Sie die Holunderkücherl mit etwas Puderzucker. Dazu reichen Sie Apfelmus.

Wer Punkt zwölf Uhr unter einem Holunderbaum Hollerküchlein isst, bleibt das ganze Jahr über gesund, besagt ein Spruch aus dem Volksmund.

Gefüllter Apfel

Zutaten (für 4 Personen): *4 mittelgroße Äpfel 8 EL süßes Holundermus • 8 EL Haferflocken 4 EL Mandelblättchen*
Zubereitung: Dünsten Sie die Äpfel 5 Minuten zugedeckt und in wenig Wasser. Bei jedem Apfel einen Deckel abschneiden und den Apfel vorsichtig aushöhlen. Entfernen Sie das Kernhaus, und zerdrücken Sie das Fruchtfleisch mit einer Gabel. Mischen Sie das Holundermus, die Haferflocken und die Mandelblättchen mit dem Fruchtfleisch, und füllen Sie die Äpfel mit dieser Masse. Jetzt können Sie den Deckel – schief wie einen Hut – wieder darauf setzen.

Apfel-Käse-Kuchen mit Holunder

Zutaten (Teig): *250 g Mehl • 125 g Butter oder Pflanzenmargarine • 50 g Zucker • 1 Ei • 1 Prise Salz*

Zutaten (Füllung): *150 g Butter oder Pflanzenmargarine • 60 g Marzipanrohmasse • 700 g Magerquark 3 Eier • 150 g Zucker • 1 Päckchen Vanillepudding Saft von 1/2 ungespritzten Zitrone • 250 g süßes Holundermus • 750 g Äpfel*

Zubereitung: Vermischen Sie die Zutaten für den Teig miteinander, und kneten Sie sie so lange, bis daraus eine homogene Masse geworden ist. Dann wickeln Sie den fertigen Teig in eine Folie und lassen ihn 1 Stunde im Kühlschrank ruhen. Heizen Sie den Backofen auf 200 °C vor. Fetten Sie zugleich eine Springform ein, und bestäuben Sie diese mit ausreichend Mehl. Rollen Sie etwa 2/3 des Teigs kreisförmig für den Kuchenboden aus. Legen Sie die Teigplatte in die Springform, und backen Sie den Boden 15 Minuten vor.

Während dieser Zeit können Sie die Füllung vorbereiten. Fett und Marzipanrohmasse werden schaumig geschlagen, Quark, Eier, Zucker, Puddingpulver und zum Schluss noch 1 Esslöffel Zitronensaft untergerührt. Rollen Sie dann den Rest des Teigs zu einem länglichen Streifen aus, und legen Sie damit den Rand der Springform aus. Das Holundermus wird gleichmäßig auf dem Boden verteilt, die Quarkmasse darauf gegeben und glatt gestrichen. Den Kuchen backen Sie jetzt nochmals 25 Minuten lang.

In der Zwischenzeit vierteln, entkernen und schälen Sie die Äpfel. Auf der Oberseite werden diese mehrfach eingeschnitten. Beträufeln Sie die Äpfel mit Zitronensaft, und legen Sie sie kranzförmig auf den Kuchen, den Sie nun bei 175 °C in 20 Minuten fertig backen.

Zum Apfel-Käse-Kuchen empfiehlt sich ein Getreidekaffee – eine bekömmliche und schmackhafte Alternative zum normalen Kaffee.

Holunder-Apfel-Gelee (Vollwert-Brotaufstrich)

Zutaten: *1/2 l Holundersaft • 1/2 l Apfelsaft 220 g Streusüße • 2 TL Agar-Agar (Gelierhilfe) • Saft von 1 Zitrone • 2 EL Apfeldicksaft • 1 EL klarer Holunderschnaps*

Zubereitung: Mischen Sie Holunder- und Apfelsaft, und rühren Sie die Streusüße unter. Lösen Sie den Agar-Agar in Zitronensaft auf, und rühren Sie dies in die Saftmischung ein. Das Ganze unter ständigem Rühren zum Kochen bringen, mindestens 2 Minuten sprudelnd kochen lassen, dann von der Kochstelle nehmen und den Apfeldicksaft sowie den Holunderschnaps einrühren. Das Gelee füllen Sie in Gläser ab. Die Gläser werden sorgfältig verschlossen, umgedreht und etwa 15 Minuten lang auf den Kopf gestellt.

Die Vitamin-C-reichen Orangen schützen vor allem zur Winterzeit vor Erkältungskrankheiten und Grippe.

Holunder in Kombination mit Orange

Die Orange kam vermutlich aus dem ostasiatischen Raum über Indien nach Europa, genau lässt sich dies aber nicht belegen. Im 15. Jahrhundert war sie noch eine exotische Frucht, die sich nur der reiche Adel leisten konnte. Am Ende des 18. Jahrhunderts gelangte sie ins sonnige Spanien, wo auch die erste Orangenplantage in Europa angelegt wurde.

Eine sehr begehrte Frucht

Im Lauf der nächsten Jahrhunderte gewann die Orange zunehmend an Popularität. Dank ihres saftigen und wohlschmeckenden Fruchtfleischs ist die Orange heute bei Jung und Alt auf der ganzen Welt sehr beliebt. Weil Orangen in der späten Jahreszeit, wenn in der Regel die Erntezeit der meisten einheimischen Obstsorten bereits vorüber ist, frisch auf den Markt kommen, sind sie nicht nur eine willkommene Bereicherung des Speisezettels, sondern auch eine gesunde Vitaminspritze. Sie können uns dabei helfen, die kalte Winterzeit ohne Infektionskrankheiten zu überstehen.

Vorbeugung gegen viele Krankheiten

Die Orange bekämpft bestimmte Viren und Bakterien, hilft gegen Arteriosklerose, senkt den Cholesterinspiegel und scheint sogar bei bestimmten Krebsarten vorbeugend zu wirken. So bringen amerikanische Forscher den Rückgang von Magenkrebs in den USA mit der Tatsache in Zusammenhang, dass Orangen und andere Zitrusfrüchte in den letzten Jahrzehnten das ganze Jahr über erhältlich sind, weshalb sich die meisten Menschen ausreichend mit Vitamin C versorgen können.

Aber Orangen sind nicht nur reich an einer Vielzahl von lebensnotwendigen Vitaminen sowie wichtigen Mineral- und Biostoffen, sondern haben ebenso wie Äpfel einen hohen Anteil an Pektin.

Auch der Rückgang von Bauchspeicheldrüsenkrebs wird mit dem vermehrten Verzehr von Zitrusfrüchten in Verbindung gebracht.

Sonne pur in der kalten und dunklen Jahreszeit: Orangen helfen Ihnen über den Winter.

Die besondere Rolle von Pektin

Pektin hat eine positive Wirkung auf die Darmflora, das Herz und den Cholesterinhaushalt des Körpers. Allerdings sitzt das Pektin in den feinen Häutchen und der weißen Innenschale. Wenn die Orange ihre ganze Heilkraft entfalten soll, darf die weiße Haut, die nach dem Schälen noch an der Haut der Orange hängen bleibt, nicht entfernt werden. Die äußere Schale sollte aber nur verwendet werden, wenn die Früchte unbehandelt sind.

Im Doppelpack stärken Holunder und Orangen u. a. das Immunsystem, beugen Erkältungskrankheiten vor, senken den Cholesterinspiegel und regen den Stoffwechsel an.

Zitrusfrüchte erfüllen viele Aufgaben

Orangen und andere Zitrusfrüchte kämpfen gegen bestimmte Viren, vor allem aber aktivieren sie die Antikörper, die gegen Röteln wirken. Orangen wirken sich zudem günstig bei allen bronchialen und asthmatischen Beschwerden aus, stärken Herz und Kreislauf sowie das körpereigene Immunsystem. Auch der Stoffwechsel wird durch den Verzehr von Orangen angeregt, wodurch der Körper entwässert und entgiftet wird. Zitronensäure unterstützt die Kalziumaufnahme im Darm, weshalb sich Orangen positiv auf das Wachstum von Knochen und Zähnen auswirken.

So wirken Orangen

- Kräftigen das Immunsystem und die Blutbildung
- Aktivieren den Stoffwechsel und vitalisieren
- Stärken Herz und Kreislauf
- Kräftigen das Bindegewebe
- Helfen gegen Erkältungskrankheiten und Grippe
- Bekämpfen Viren und Bakterien
- Verbessern den Cholesterinhaushalt
- Wirken positiv auf die Darmflora

Hafersalat mit Früchten

Zutaten für 4 Personen: *200 g Haferkörner*
1 Orange • 1 säuerlicher Apfel • 4 EL Zitronensaft
2 EL Orangensaft • 4 EL Holundermus • Salz,
Pfeffer aus der Mühle • 1 Zweig frische Minze oder
Zitronenmelisse • 1 EL gehackte Petersilie • 1 rote
Chilischote • 1 EL Olivenöl • 1 rote Paprikaschote
1 Banane • 2 Stauden Chicorée

Zubereitung: Kochen Sie die Haferkörner mit 1/2 Liter Wasser kurz auf, danach garen Sie sie zugedeckt bei schwacher Hitze ungefähr 30 Minuten lang. Inzwischen wird die Orange geschält (die weiße Haut nicht vollständig entfernen) und in Schnitze geteilt, dann wird der Apfel gewaschen, geviertelt, entkernt, in dünne Scheiben geschnitten und mit 2 Esslöffeln Zitronensaft beträufelt.

Tipp: Um einen trägen Darm wieder zum Arbeiten zu bewegen, sollten Sie eine halbe Stunde vor dem Frühstück ein Glas lauwarmes Wasser trinken.

Den restlichen Zitronensaft, den Orangensaft und das Holundermus verarbeiten Sie nur mit Salz und Pfeffer, gehackter Minze sowie Petersilie zu einem Salatdressing. Jetzt wird die Chilischote gewaschen, halbiert und entkernt. Eine Pfanne wird mit etwas Olivenöl gefettet. Darin braten Sie die Apfel- und Orangenscheiben zusammen mit den Chilischotenhälften kurz an, nehmen die Pfanne von der Kochstelle und lassen die Früchte wieder abkühlen.

Die Paprikaschote wird gewaschen, in Streifen geschnitten, und die Streifen werden halbiert. Lassen Sie den Hafer in einem Sieb gut abtropfen, schälen Sie die Banane, und schneiden Sie sie in Scheiben. Geben Sie die Paprikastreifen, Bananenscheiben und den Hafer zum Salatdressing. Zum Schluss werden die Chicoréeblätter dekorativ auf Tellern angerichtet und der Früchte-Hafer-Salat darauf verteilt.

Ballaststoffreiches Müsli

Zutaten (für 1 Person): *3 getrocknete Feigen • 3 EL Haferflocken • 150 g Naturjoghurt • 2 EL süßes Holundermus • 4 Walnusskerne • 1 Orange*
Zubereitung: Schneiden Sie die Feigen in kleine Würfel, und weichen Sie diese zusammen mit den Haferflocken 15 Minuten lang in einer 1/2 Tasse Wasser ein. Verrühren Sie den Joghurt mit dem Holundermus und den gehackten Walnüssen. Füllen Sie die Masse in den Getreideflockenbrei. Zum Schluss geben Sie das Ganze in eine Müslischale und übergießen den Brei mit dem Saft der frisch gepressten Orange.

Gerade bei Geflügel- und Wildgerichten eignen sich Orangen ausgezeichnet zur Verfeinerung von Saucen.

Süßsaure Würzsauce

Diese Sauce eignet sich ausgezeichnet für Geflügelgerichte oder für einen kalten Braten.
Zutaten: *200 g frische Holunderbeeren • Saft von 2 Orangen • Saft von 1 Zitrone • 1/8 l Rotwein (ersatzweise Holundersaft mit 1 Schuss Essig) • 1 große Knoblauchzehe • 10 g frischer Ingwer • geriebene Schale von 1 unbehandelten Orange • 1 TL Pfefferkörner 10 g Senfkörner • 50 g Preiselbeeren • 1/2 TL Salz 200 g Zucker*
Zubereitung: Waschen Sie die Holunderbeeren gründlich. Füllen Sie dann die Beeren zusammen mit dem Orangen- und dem Zitronensaft sowie dem Rotwein in einen Topf. Anschließend geben Sie den zerdrückten Knoblauch, den geriebenen Ingwer, die Orangenschale, den gemahlenen Pfeffer, die Senfkörner, die Preiselbeeren, Salz und Zucker hinzu. Alles unter ständigem Rühren erhitzen und 30 Minuten einkochen lassen. Durch ein Sieb abseihen und in Gläser füllen, die mit einem Schraubverschluss verschlossen werden.

Holunderflammeri mit Orangen

Zutaten: *400 ml frische Vollmilch • 40 g Speisestärke 3 Eigelbe • geriebene Schale von 1 unbehandelten Orange • 200 ml Holundermuttersaft • 2 Spritzer Zitronensaft • 4 EL Streusüße • 1 Orange • 1 Blutorange nach Bedarf etwas Orangenlikör*

Zubereitung: Erhitzen Sie die Milch in einem Topf. Die Speisestärke wird mit 5 Esslöffeln Milch angerührt und in die kochende Milch gegeben. Unter ständigem Rühren aufkochen lassen. Dann geben Sie Eigelbe, Orangenschale, Holundersaft, Zitronensaft und die Streusüße hinzu. Lassen Sie das Ganze noch einige Minuten bei schwacher Hitze kochen. Dann füllen Sie die Masse in mit kaltem Wasser ausgespülte Puddingformen. Die Förmchen stellen Sie nach dem Erkalten des Flammeri noch eine 1/2 Stunde kühl. Den Flammeri auf Teller stürzen, mit Orangen- und Blutorangenstückchen dekorieren und mit Orangenlikör übergießen.

Wenn Sie darauf achten, dass die verwendete Streusüße keinen Zucker enthält, ist der Holunderflammeri auch für Diabetiker geeignet.

Holunderblüten-Orangen-Gelee

Zutaten: *12 Holunderblütendolden • 2 unbehandelte Orangen • 2 unbehandelte Zitronen • 1 l Wasser 100 ml Holundersaft • 1 kg Gelierzucker*

Zubereitung: Waschen Sie die Blütendolden, und legen Sie sie zum Abtropfen auf ein Tuch. Schneiden Sie 1 Zitrone und 1 Orange in Scheiben, und lassen Sie diese zusammen mit den Holunderblüten in 1 Liter Wasser kurz aufkochen. Den Sud 24 Stunden ziehen lassen.

Am nächsten Tag den Saft der restlichen Zitrusfrüchte, den Holundersaft und den Sud durch ein Sieb in einen großen Topf gießen. Den Gelierzucker hinzufügen und unter Rühren zum Kochen bringen. 2 Minuten sprudelnd kochen lassen, dann das Gelee in Gläser abfüllen.

Holunder und Kürbis

Der medizinische Nutzen des Kürbisfleischs blieb lange unerkannt. Man glaubte, nur in den Kernen liege die Kraft des Kürbisses. Sie wurden in der Regel als Abführmittel, bei vergrößerter Prostata, Reizblase, Nierenleiden oder bei Wurmbefall angewendet. Doch dank einer Langzeitstudie aus den USA wissen wir heute, dass schon 100 Gramm Kürbisfleisch pro Tag das Krebsrisiko um die Hälfte senken kann. Dies gilt vor allem für Lungen-, Kehlkopf-, Speiseröhren-, Magen-, Blasen- und Prostatakrebs. Der Grund für die vorbeugende Wirkung gegen Krebs liegt an dem hohen Gehalt an Karotinoiden, die offensichtlich gegen die so genannten freien Radikale ankämpfen. Ein anderer Stoff, der im Kürbis enthalten ist, verhindert, dass Viren und Krebs erregende chemische Stoffe im Verdauungstrakt aktiviert werden. Die heilende und vorbeugende Wirkung des Kürbisses ist heute also unbestritten.

Freie Radikale sind schädigende Sauerstoffionen, die den Alterungsprozess beschleunigen, Entzündungen verstärken und zu Krebs führen können.

Viele verschiedene Sorten

Es gibt rund 800 vor allem tropische Kürbisarten. Der Kürbis zählt, wie auch seine Schwestern, die Melone und die Gurke, zu den Beerenfrüchten, die je nach Sorte bis zu über 70 Kilogramm schwer werden können. Nach Europa kam der Kürbis vermutlich aus Mexiko, von wo ihn Kolumbus oder seine Nachfahren mitbrachten.

Das ganze Jahr kalorienarm genießen

Deutsche Kürbisse sind von September bis November erhältlich, ausländische Produkte das ganze Jahr über (oft in türkischen Geschäften). Der Kaloriengehalt des Kürbisses ist sehr gering, weshalb er sich auch als Diätgemüse immer größerer Beliebtheit erfreut.

Kürbissuppe

Zutaten (für 4 Personen): *600 g Kürbis (einen entsprechenden Kürbis abwiegen lassen)* • *4 mittelgroße
Zwiebeln* • *Salz, Pfeffer* • *1 EL Zitronensaft
3 EL Holundersaft* • *1 l Gemüsebrühe* • *250 ml Sahne
etwas süßes Paprikapulver* • *2 Tassen geröstete Weißbrotwürfel* • *3 EL Holundermus*
Zubereitung: Schälen Sie den Kürbis. Die Kerne und das
lose Kerngewebe lösen Sie heraus (die Kerne trocknen
und aufbewahren, man kann sie bei vielen Gelegenhei-
ten als Beilage servieren). Das Fruchtfleisch wird in
dicke Würfel geschnitten. Diese geben Sie dann mit den
fein gewürfelten Zwiebeln, etwas Salz und Pfeffer, dem
Zitronen- und Holundersaft sowie der Gemüsebrühe in
einen hochwandigen Topf. Diese Brühe bei schwacher
Hitze kochen lassen. Wenn Kürbis und Zwiebel so musig
sind, dass man sie durch ein Sieb streichen kann (nach
etwa 30 Minuten), holen Sie diese aus dem Sud, passie-
ren sie durch und geben sie wieder in den Topf zurück.
Die Suppe daraufhin nochmals kurz aufkochen lassen.
Die Suppe vom Herd nehmen, die Sahne schlagen, unterziehen und mit Salz und Paprika abschmecken.
Zum Schluss verteilen Sie die Weißbrotwürfel auf dem
Boden einer Suppenterrine, darüber geben Sie das Holundermus, anschließend füllen Sie die Suppe zum Servieren in die Terrine.

**Eine Langzeit-
studie in den
USA bewies:
Bereits
100 Gramm
Kürbisgemüse
täglich schützen
Nichtraucher,
die dem Qualm
anderer ausge-
setzt sind, vor
Lungenkrebs.**

Kürbiseintopf

Zutaten (für 4 Personen): *150 g Graupen* • *1 Knoblauchzehe* • *1 Zwiebel* • *2 EL Olivenöl* • *750 ml Gemüsebrühe* • *Salz, Pfeffer aus der Mühle* • *400 g geschältes
Kürbisfleisch* • *je 1 rote, gelbe und grüne Paprikaschote
3 EL Holundermus* • *2 Zweige Dill*

Zubereitung: Spülen Sie die Graupen gründlich ab, und weichen Sie sie in kaltem Wasser etwa 4 Stunden lang ein. Währenddessen hacken Sie Knoblauch und Zwiebel fein und dünsten sie in Öl an. Die abgetropften Graupen werden dazugegeben und kurz mitgedünstet. Gießen Sie nun die Gemüsebrühe hinzu. Die Brühe leicht salzen und pfeffern und 10 Minuten bei schwacher Hitze kochen lassen.

Dann geben Sie das gewürfelte Kürbisfleisch und die in Streifen geschnittenen Paprikaschoten in die Brühe. Die Brühe weitere 15 Minuten leicht kochen lassen. Zum Schluss das Holundermus unterziehen, den Eintopf auf Teller verteilen und mit Dill garnieren.

Am besten besorgen Sie sich Spaghetti aus Hartweizengrieß, oder Sie probieren einmal Vollkornspaghetti aus.

Spaghetti mit Kürbissauce

Zutaten (für 4 Personen): *300 g geschältes Kürbisfleisch • 1 EL Zucker • 3 EL Essig • 1/2 Zimtstange 150 g italienischer Pecorino (oder ein anderer würziger Hartkäse) • 100 ml süße Sahne • Salz, Pfeffer aus der Mühle • 400 g Spaghetti • 40 g Kürbiskerne 2 EL Holundermus*

Groß, gut und gesund: Der Kürbis ist weit mehr als natürliche Verpackung für heilsame Kerne.

Zubereitung: Schneiden Sie das Kürbisfleisch in kleine Stücke. Dann dünsten Sie das Fruchtfleisch zusammen mit Zucker, Essig, Zimt und 3 Esslöffeln Wasser weich. Nachem Sie die Zimtstange entfernt haben, kann das Kürbisgemüse püriert werden.

Reiben Sie den Käse fein, erhitzen Sie die Sahne, und lösen Sie den Käse darin auf. Das Kürbisgemüse wird nun untergehoben und mit Salz und Pfeffer abgeschmeckt. Kochen Sie die Spaghetti, und hacken Sie die Hälfte der Kürbiskerne. Die Kerne werden mit dem Holundermus unter die Sauce gemischt. Die Sauce zum Schluss auf den Spaghetti anrichten und mit den restlichen Kürbiskernen bestreuen.

Ungarisches Kürbisgemüse

Zutaten (für 4 Personen): *1 kg Kürbis • 1 TL Zucker Salz • 2 EL Essig • 1/4 l Holundersaft • 1 Zwiebel 50 g Butter oder Margarine • 2 Paprikaschoten 2 Möhren • 1 EL fein gehackter Dill • 1 EL Paprikapulver • 250 ml Sahne • Pfeffer aus der Mühle*
Zubereitung: Schneiden Sie den Kürbis in grobe Würfel. Aus etwas Zucker, Salz, Essig, Holundersaft und geriebener Zwiebel bereiten Sie eine Marinade, in der Sie die Kürbiswürfel 2 Stunden lang marinieren.

Die Kürbiswürfel ausdrücken und mit Butter oder Margarine andünsten. Gießen Sie ein wenig von der Marinade hinzu, damit sich genügend Flüssigkeit im Topf befindet. Paprikaschoten und Möhren in Streifen schneiden. Dill, Paprikapulver, Paprikaschoten und Möhren zum Kürbis hinzufügen. Das Gemüse leicht kochen lassen.

Nach etwa 20 Minuten können Sie die Sahne dazugeben und das Gemüse nochmals mit Salz und Pfeffer aus der Mühle abschmecken.

Das Kürbisgemüse passt gut zu Fleisch-, Wild- und Geflügelgerichten. Es kann aber auch als vegetarisches Hauptgericht serviert werden.

Holunder in der Likörherstellung

Sofern die Holunderbeeren bei der Saftgewinnung nicht totgekocht werden, besitzt auch ein Likör noch eine gewisse Heilwirkung. Vorausgesetzt natürlich, man trinkt ihn nur in Maßen; das bedeutet, nicht mehr als zwei kleine Likörgläser pro Tag.

Das Herstellen von Likören bereitet kaum Arbeit. Hat man einmal alle Zutaten zusammen, geht es meist recht schnell. Liköre selbst herzustellen, kann ein richtiges Hobby werden. In hübsche Flaschen gefüllt, sind selbst gebraute Liköre außerdem immer ein ausgefallenes Geschenk. Und da Liköre durch die Lagerung an Geschmack gewinnen, empfiehlt es sich ohnehin, gleich größere Mengen davon herzustellen.

Falls Sie den Zuckersirup nicht sofort benötigen, können Sie ihn bedenkenlos einige Zeit lang an einem kühlen Ort aufbewahren.

Zuckersirup

Für einige Rezepte benötigen Sie eine Zuckerlösung (Zuckersirup). Im Folgenden wird deshalb der genaue Herstellungsprozess dieser Lösung beschrieben.

Zutaten: *420 ml Wasser • 1 g Zitronen- oder Weinsäure 1 kg Zucker*

Zubereitung: Das Wasser wird zusammen mit der Zitronen- oder Weinsäure erhitzt. Nun wird unter ständigem Rühren der Zucker hinzugefügt. Das Ganze lässt man 15 Minuten lang sprudelnd kochen. Dabei entsteht Schaum an der Oberfläche des Zuckersirups, der abgeschöpft werden muss. Nach der Garzeit sollte der Zuckersirup durch ein Tuch in einen Messbecher abgeseiht werden. Es sollte 1 Liter Zuckersirup entstanden sein. Falls die Flüssigkeit etwas eingekocht ist, wird sie mit heißem Wasser bis zur 1-Liter-Marke aufgefüllt (unter ständigem Umrühren!), damit der Zuckergehalt wieder stimmt.

Einfacher Holunderlikör

Dieser Holunderlikör kann sehr schnell und unkompliziert zubereitet werden. Er ist deswegen als Einstieg zur eigenen Likörherstellung zu empfehlen.

Zutaten: *750 g Holundermuttersaft • 1 Vanillestange Saft von 1 Zitrone • 260 g Zucker • 700 ml Rum (54 % Alkohol)*

Zubereitung: Damit beim Kochen die Inhaltsstoffe des Holundersafts nicht völlig zerstört werden, nehmen Sie 1 Tasse davon ab und kochen darin die Vanillestange etwa 10 Minuten lang. Den Saft absieihen und zusammen mit dem restlichen Holundersaft, dem Zitronensaft und dem Zucker erhitzen. Unter ständigem Rühren wird der Zucker ganz aufgelöst. Dann die Flüssigkeit wieder abkühlen lassen und den Rum dazugießen.

Lassen Sie den Likör mindestens 3 bis 4 Wochen, besser aber 2 bis 3 Monate lang in einem verschlossenen Gefäß ruhen (ab und zu sollte er geschüttelt werden), dann füllen Sie ihn über einen Filter in Flaschen ab.

Ein Likör sollte mehrere Wochen ruhen, bevor er getrunken wird. Es gilt dabei die Regel: Je länger ein Likör zieht, desto besser wird er!

Prosit! In Maßen genossen ist Holunder auch in Verbindung mit Alkohol gesund.

Blüten-Beeren-Likör

Um diesen Holunderlikör herstellen zu können, der sowohl die Kraft der Beeren als auch die der Blüten in sich vereint, muss man bereits im Frühjahr einige Vorbereitungen treffen. Man übergießt pro Liter Likör, der zubereitet werden soll, 1 Hand voll frische Holunderblüten mit 100 Milliliter Sprit (das ist 96-prozentiger Alkohol für Heilzwecke aus der Apotheke, auch als Weingeist bekannt). Nach 8 Tagen wird dieser Blütenextrakt abgefiltert und in einer gut verschließbaren Flasche bis zur Beerenreife aufbewahrt.

Falls man einen Holundermuttersaft zur Verfügung hat, kann der Blüten-Beeren-Likör auch schon während der Blütezeit des Holunders hergestellt werden.

Dem Likör wird neben Holundermuttersaft auch Johannisbeersaft zugefügt. Schwarze Johannisbeeren wirken (wie auch der Holunder) heilend im Darmbereich und schützen die Blutgefäße. Trotz seiner gesundheitlich positiven Wirkung darf aber selbstverständlich auch dieser Likör, wenn er nicht mehr Schaden anrichten soll als Nutzen, nur in Maßen getrunken werden.

Zutaten (für 1 l Likör mit 30 % Alkohol):
1/2 Vanilleschote • 300 ml Holundermuttersaft
200 ml Schwarzer-Johannisbeersaft • 100 ml Blüten-
extrakt • Saft von 1/2 Zitrone • 300 ml Zuckerlösung
40 ml Weinbrand

Zubereitung: Lassen Sie die 1/2 Vanilleschote mit 1 Tasse Wasser 10 Minuten bei schwacher Hitze kochen. Dann die Schote aus dem Wasser nehmen, den Holundermuttersaft, den Johannisbeersaft, den Blütenextrakt, den Zitronensaft, die Zuckerlösung und den Weinbrand zu dem Vanilleauszug geben.

Mit entsprechend viel Wasser bis zur 1-Liter-Marke auffüllen. Zum Abschluss vermischen Sie alles gut und füllen den Likör (eventuell durch einen Papierfilter) in Flaschen ab.

Holunder-Tee-Likör

Dieser Likör ist nicht nur pikant, sondern er wirkt auch anregend auf den Kreislauf. Für den Likör müssen Sie zunächst einen Teeextrakt zubereiten.

Zutaten (Teeextrakt für 5 l Likör): *750 g frisch geerntete Holunderblüten (schon von den dicken Stielen befreit) oder 150 g getrocknete Holunderblüten 150 g Ceylon-Tee (oder ein ähnlicher Schwarztee) 1 1/2 g Zimt • 1 1/2 g Vanille • 1 1/2 g frisch geriebene Zitronenschale • 5 g Rosinen • 400 ml Sprit (Weingeist) 625 ml Wasser*

Zubereitung: Die gesamten Zutaten kommen in ein verschließbares Glas und werden mit Sprit (Weingeist) und Wasser übergossen. Drücken Sie mit einer Gabel alle Blüten unter die Flüssigkeit, verschließen Sie das Glas, und lassen Sie den Ansatz an einem kühlen und dunklen Ort 1 Woche lang ziehen.

Dann füllen Sie den Ansatz über einen Papierfilter in einen Messbecher ab. Dabei lassen Sie so viel Wasser über die im Filter verbliebenen Drogen laufen, bis die 1-Liter-Markierung erreicht wird. Dieser Schwarzteeextrakt genügt in der Regel zur Herstellung von 5 Litern Holunderlikör.

Im Gegensatz zu anderen Likören sollte der Holunder-Tee-Likör nur höchstens ein Jahr lang gelagert werden.

Zutaten (für 1 l Likör mit 35 % Alkohol): *200 ml Teeextrakt • 270 ml Sprit (Weingeist) • 60 ml Rum 300 ml Zuckerlösung*

Zubereitung: Teeextrakt, Sprit (Weingeist), Rum und Zuckerlösung werden in ein großes Gefäß gegeben und gut miteinander verrührt. Anschließend sollte der Likör mindestens 4 bis 5 Tage im Dunkeln ruhen. Erst dann wird der auf diese Weise gereifte Likör durch einen Papierfilter in Flaschen abgefüllt. Man kann ihn dann noch nachreifen lassen, aber höchstens 1 Jahr lang.

Färben mit Holunder

Schon in uralten Zeiten wurden die Blätter des Holunders zum Färben von Pflanzenfasern und Haaren verwendet. Aber auch heute noch, da das Färben mit Naturfarben wieder ständig an Beliebtheit gewinnt, besitzt der Holunder seinen angestammten Platz in der Reihe der bevorzugten Färbepflanzen.

Das Färben mit Pflanzenfarben wie dem Holunder macht Spaß, und es lässt sich ohne die meist lästigen Vorsichtsmaßnahmen und langwierigen Nachbehandlungen, die bei chemischen Farben notwendig sind, durchführen. Außerdem hat man einfach ein besseres Gefühl beim Tragen, wenn sich keine zusätzlichen chemischen Stoffe in der Kleidung befinden.

Die Farben naturgefärbter Stoffe besitzen eine große Leuchtkraft. Auch wenn Farbtöne manchmal etwas anders ausfallen als beabsichtigt, sind sie immer ansprechend.

Die Harmonie von Naturfarben

Wolle, die mit Naturfarbe gefärbt ist, erstrahlt in Farbtönen, die man in solcher Harmonie und Intensität chemisch nicht erzeugen kann – sie erinnern an Licht, das durch bunte Kirchenfenster fällt.

Allerdings sollte man sich beim Färben mit Pflanzen nicht auf einen ganz bestimmten Farbton versteifen, da nicht nur die Blattsorte und -menge den Ton bestimmen, sondern auch äußere Umstände, von denen sich einige nicht beeinflussen lassen.

Der Zeitpunkt der Ernte und der Standort der Pflanze, die zum Färben benutzt wird, spielen hierbei eine Rolle. Ebenso können die natürliche Farbschattierung der Wolle selbst und natürlich auch die Dauer des Färbevorgangs sowie die Art der Nachbehandlung den Farbton beeinflussen – all dies sind Faktoren, die man besonders als Anfänger nicht abschätzen oder einfach nicht wissen kann.

Die Farbe ist waschecht

Die erzielte Färbung ist dann aber waschecht, und nur die unverfälschten Gelbtöne verblassen durch das Sonnenlicht etwas. Beim Färben mit Pflanzen ist die Grundfarbe immer gelb – erst durch Beimengungen von Metallsalzen lassen sich andere Farbtöne erzielen.

Die Vielfalt natürlicher Färbemittel

Ob Sie Holunderblätter oder sonstiges Baumlaub, Rhabarber, Brennnessel, Efeu oder das Laub von Rosen nehmen: Es eignet sich fast jedes Blattwerk zum Färben, aber alle Blätter besitzen ihre ganz persönlichen Gelbschattierungen. Es empfiehlt sich, zuerst mit Kleidungsstücken zu experimentieren, an denen nicht Ihr Herz hängt. Sie werden rasch merken, wie sich die Farbtöne unterscheiden.

Unterschiedliche Farbintensität

Wichtig ist außerdem zu wissen: Blätter, die einer intensiveren Sonneneinstrahlung ausgesetzt waren, enthalten ein Vielfaches an Farbstoffen (Flavonoide) als Blätter, die vorwiegend im Schatten wuchsen. Mit sonnenbeschienenem Laubwerk lassen sich deshalb auch farbintensivere Töne erzielen. Daran sollten Sie denken, wenn Sie Blätter zum Färben sammeln, damit Sie hinterher nicht enttäuscht sind.

Fachliteratur besorgen – und los geht's

Sollten Sie Lust bekommen haben, das Färben von Wolle oder Naturstoffen einmal selbst auszuprobieren, besorgen Sie sich am besten in Bastelgeschäften oder Buchhandlungen Fachliteratur zum Thema. Und Sie werden staunen – es ist gar nicht so schwer.

Wolle nach eigenen Farbvorstellungen zu färben, war für unsere Großmütter nichts Besonderes. Heute macht es ganz einfach Spaß, sich etwas Individuelles aus einem Naturprodukt herzustellen.

Impressum

© 1999 Südwest Verlag
GmbH in der Verlags-
haus Goethestraße
GmbH & Co. KG,
München

Alle Rechte vorbehalten.
Nachdruck – auch aus-
zugsweise – nur mit Ge-
nehmigung des Verlags.

Redaktion:
Georg Ledig, Sylvia Rein
Projektleitung:
Dr. Alex Klubertanz
Redaktionsleitung
und medizinische
Fachberatung:
Dr. med. Christiane Lentz
Bildredaktion:
Ute Schoenenburg
Produktion:
Manfred Metzger
Umschlag:
Heinz Kraxenberger,
München
Layout:
Wolfgang Lehner
DTP:
Matthias Liesendahl

Printed in Italy
Gedruckt auf chlor-
und säurearmem Papier

ISBN 3-517-08067-5

Über den Autor

René Prümmel ist Journalist und Heilpraktiker. Nach einem mehrjährigen Studium an der Internationalen Schule für Klassische Homöopathie in Hechtel/Belgien praktiziert er in eigener Praxis und schreibt nebenbei medizinische Ratgeber und Gesundheitsberichte für Zeitschriften.

Literatur

Hemgesberg, Hanspeter: Natürlich gesund mit Holunder. Blüten, Blätter und Beeren gegen Alltagsbeschwerden. Midena Verlag. Augsburg 1998
Fischer-Rizzi, Susanne: Blätter von Bäumen. Irisiana Verlag. München 1993
Omas Lexikon der Kräuter- und Heilpflanzen. Bechtermünz Verlag. Augsburg 1995.

Hinweis

Das vorliegende Buch ist sorgfältig erarbeitet worden. Dennoch erfolgen alle Angaben ohne Gewähr. Weder Autorin noch Verlag können für eventuelle Nachteile oder Schäden, die aus den im Buch gemachten praktischen Hinweisen resultieren, eine Haftung übernehmen.

Bildnachweis

AKG, Berlin: 7, 40; Das Fotoarchiv, Essen: 14 (Andreas Riedmiller), 33 (Rupert Oberhäuser); Kerth Ulrich, München: 10, 94, 98; Prummel Angeline, Mannebach: 1, 24; Sperl Siegfried, München: 38, 77, 84, 111; Südwest Verlag, München: Titel (Olaf Posselt/Ute Schoenenburg), 4 (Archiv), 43 (Claudia Rehm), 48, 62, 83 (Michael Nagy), 53 (K. Vey), 57, 93 (Matthias Tunger), 103 (Joachim Heller), 107 (Frank Heuer), 121 (Dirk Albrecht); Tony Stone, München: 28 (Victoria Blackie), 69 (RNHRD NHS Trust), 89 (Rosenfeld) ; Wildlife, Hamburg: 22 (D. Harms), 118 (J. Mallwitz)

Sachregister
Abführmittel 76
Abnehmen 85ff.
Akne 72f.
Alkoholmissbrauch 31
Allergie 15
Apathie 34
Apfel 104ff.
Appetitlosigkeit 31, 35
Arteriosklerose 111
Arthritis 67
Arthrose 68
Askorbinsäure 33
Asthma 83
Atemwegserkrankungen 82
Ätherische Öle 37
Atmung 62
Attich 21
Aufbewahrung 19f.

Ballaststoffe 41, 101
Bandscheibenvorfall 56
Beta-Glukane 102
Beta-Karotin 30
Bindegewebe 113
Blattlausbekämpfung 27
Blausäure 39
Blutreinigung 86
Bock, Hieronymus 12

Chlor 35
Cholesterin 111f.
Chronisches Erschöpfungssyndrom (CFS) 58

Darmflora 112
Durchblutungsstörungen 39
Durchfall 31, 57

Einlauf 55
Eisen 104
Entgiften 88
Entschlacken 85ff.
Enzyme 34
Erbrechen 31
Erkältungskrankheiten 44ff., 112
Ernährung 101
Erschöpfung 35, 58ff.
Essverhalten 91

Färben 124ff.
Fasten 71, 85
Fettsäuren, ungesättigte 104
Fieber 48f.
Flavonoide 39
Flüssigkeit 41
Freie Radikale 116
Fuchs, Leonard 12

Gerbstoffe 37f.
Gewebatmung 34
Gicht 68f.
Glykolyse 34
Glykoside 38f.
Grippe 44, 112
Gurgeln 51

Hafer 102ff.
Halsschmerzen 50ff.
Hämorrhoidalleiden 54f.
Hausapotheke 42
Haut 31
Heiltees 42f.
Heiserkeit 50
Herz 39, 105, 112
Herzrhythmusstörungen 35

Herzschwäche 35
Hochleistungssport 31
Holundermuttersaft 95
Holunderblattläuse 26
Holunderernte 15
Holunderkur 57
Homöopathie 81ff.
Husten 50ff.
Hyperkinetisches Syndrom 36

Immunsystem 105, 112
Inhalation 62
Ischiasbeschwerden 56f.

Kalium 34f., 104
Kalzium 35f., 104
Karotinoide 116
Kneippsche Wasseranwendungen 59
Kneipp, Sebastian 12
Knochen 35, 113
Knorpel 35
Kohlenhydrate 105
Komedone 72
Konzentrationsfähigkeit 105
Kopfschmerzen 61
Krebs 103, 116
Kreislauf 60, 105, 112
Kürbis 117ff.

Likörherstellung 120ff.
Lipolyse 34

Melatonin 58
Mineralstoffe 34ff., 41, 101
Müdigkeit 31, 58ff.
Muskeln 34

Natrium 35
Naturheilkunde 42
Nebenhöhlenentzündung 61f.
Nerven 34
Nervosität 63f.
Niazin 29, 32
Nierenleiden 116

Obsttag 89
Ödeme 35
Ohrenschmerzen 65f.
Osmotischer Druck 34

Paracelsus 12
Pektin 104, 112
Phenylazetaldehyd 37
Phosphor 36, 104
Phytotherapie 42
Polypen 61
Proteine 34, 101
Provitamin 30

Retinol 30f.
Rheumatische Beschwerden 67ff.
Riboflavin 32
Rosenblattläuse 27
Roter Holunder 21f.

Sambunigrin 39
Sambucus nigra 82
Sammeln 17f.
Saunieren 60
Schlafstörungen 63
Schlankheitskuren 31
Schleimhäute 31
Schnupfen 61, 83
Schwangerschaft 31
Schwitzen 47, 83

Selbstmedikation 41
Sonnenbrand 79f.
Stoffwechsel 105, 112

Thiamin 31
Tiere 92f.
Tinnitus 66
Trocknen 19

Übelkeit 35

Verbrennungen 79f.
Verstopfung 74ff.
Vitamine 29ff., 41, 101, 103
Von Aquin, Thomas 12
Von Bingen, Hildegard 11

Wadenwickel 49
Wasserhaushalt 34
Wechselduschen 59
Wurmbefall 116

Zähne 35, 78f., 113
Zitronensäure 113
Zwiebelwickel 51

Rezepteregister
Apfel, gefüllter 108
Apfel-Kartoffel-Salat 106
Apfel-Käse-Kuchen mit Holunder 109

Blüten-Beeren-Likör 122
Hafersalat mit Früchten 113

Holunder-Apfel-Gelee 110
Holunder-Honig-Sirup 50
Holunder-Tee-Likör 123
Holunderblüten-Orangen-Gelee 116
Holunderblütentee 45
Holunderflammeri mit Orangen 115
Holundergelee 99
Holunderkücherl 108
Holunderlikör, einfacher 121
Holunder-marmelade 98
Holundermus, süßes 97
Holundersekt 100
Holunderteemischung 49
Holunderwein 99

Kartoffelscheiben, gebratene, mit Äpfeln 107
Kürbiseintopf 118
Kürbisgemüse, ungarisches 120
Kürbissuppe 117

Müsli, ballaststoffreiches 114

Spaghetti mit Kürbissauce 119

Würzsauce, süßsaure 114

Zuckersirup 121